고 성 국 의

공산당
선 언

일러두기(용어 정리)

공산당共產黨 : 마르크스·레닌 주의를 신봉하는 공산주의자들로 구성된 정당. 최종 목적은 계급 착취가 없는 공산주의의 실현이지만, 각국의 공산주의 운동에 대한 정치적·사상적 지원을 그 당면 과제로 삼는다.

종북 좌파從北左派 : 사회주의나 공산주의적 성향을 띠면서 북한을 추종하는 세력. 즉, 대한민국체제 전복 세력을 말한다.

주사파主思派 : 1980년대 중반 이후에 등장한 북한의 주체사상을 지도 이념으로 삼은 남한의 반체제 운동 세력. '586 주사파'라고도 한다.

* 이 책에서는 '종북 좌파', '종북 주사파'로 구분해 쓴다.
** 존칭은 생략한다.

그들에게 몰락을 가져올 무기

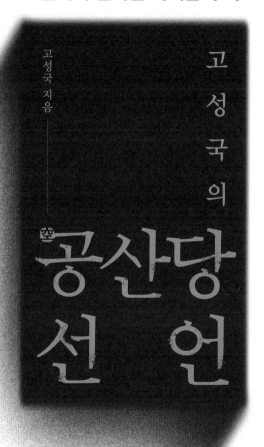

고성국 지음

고성국 의

공산당
선 언

지우출판

공산당선언을 앞둔 동지들에게

나는 왜
공산당선언을 하는가

아주 긴 상실의 시간이었다.

정치 평론가로 살아 온 40년보다 지난 문재인 종북 주사파 정권 5년의 기간은 도무지 어떤 전략적인 계획을 세우고 목표를 달성해 나아가는 것 자체가 불가능한 시기였다. 정해진 절차와 규정 안에서만 행사할 수 있는 권력인 법치가 사라진 것이다. 단지 법을 지키지 않았다는 차원이 아닌, 인치(독재)가 행해졌다. '이러고도 자유 대한민국체제가 존립할 수 있나'라고 걱정할 만큼 무도한 폭압 정치가 펼쳐졌다.

문재인 종북 주사파 정권의 법과 제도는 모든 사람들에게 적용되는 보편적인 원칙이 아니었다. 자기들에게 유리할 때는 지키고, 거추장스러운 때는 언제든지 무시해도 좋은 한낱 장치에 불과했다. 5년의 통치 기간 내내 그러했다. 동물의 세계와도 같았다. 양육강식의 세계에 무슨 법이 있고 질서가 있었겠는가.

'평화'와 '공정'이라는 단어가 남용되고 범람했다. 아무 말에나 찍어 붙인 두 단어는 그럴 듯한 거짓으로 둔갑돼 지성을 무너뜨렸고, 사회 전반을 혼란에 빠뜨렸다. "화려한 꽃밭의 어느 틈으로 지옥으로 가는 문이 열려 있을지 모를 일이다"라고 했던 단테의 말마따나 '평화'와 '공정'을 내세운 문재인 종북 주사파 정권은 국민들 편 가르기에 혈안이 되어 자유 민주주의 법치를 훼손하고 대한민국을 소멸의 길로 차곡차곡 안내했다.

소멸 직전, 용기를 낸 국민들의 현명한 선택으로 급브레이크가 걸렸다.

"문재인 종북 주사파 정권,

자, 여기서부터 굿바이."

천신만고 끝에 그 막막했던 시간을 함께 버티고 견뎌 냈던 국민들은 2022년 3월, 마침내 종북 주사파 정권이 아닌, 자유 민주주의 윤석열 정부를 출범시켰다. 지금 우리에게 남겨진 과제는 2024년 총선 승리와 2027년 대선 승리다. 그러기 위해선 출범한

지 얼마 안 된 윤석열 정부의 성공은 필연이다. 지나간 5년은 두 번 다시 경험하고 싶지 않은 종북 주사파 정권이었다.

내가 이 책《고성국의 공산당선언》을 쓰게 된 이유다.

미래가 과거나 현재와 같아선 안 된다. 죽었던 과거를 돌아보는 것으로부터 이 책은 시작된다. 철저한 반성 속에서 우리의 목표들을 정리했다. 목표는 정상까지 올라가는 길을 보여 주는 정확한 지도만 있으면 달성할 수 있다. 목표가 분명하면 단결은 더욱 쉽게 이루어진다.

이 책이 우리가 목표하는 정상까지 함께하는 정확한 지도가 되길 바란다.

2023년 3월, 마포에서

고성국 쓰다

대한민국을 떠도는
유령들

21세기 대한민국에 유령이 떠돌고 있다.

'거짓말'이라는 유령이.

눈에 보이지 않는 것이 눈에 보이는 것보다도 사람의 마음을 더 심각하고 불안케 한 때문일까. 그들이 거짓말을 늘어놓으면 늘어놓을수록 국민들은 걷잡을 수 없이 흥분했다.

[#장면 1] 광우병 파동

2008년 4~5월, 지상파 MBC 프로그램 'PD 수첩'은 〈미국산 소고기, 과연 광우병에서 안전한가〉 1, 2편을 방송했다. '미국산 소고기에 광우병 위험이 있다'는 내용으로 미국의 아레사 빈슨이 '인간 광우병'으로 사망했다고 단정 지었고, 주저앉는 소의 모습을 보여 주며 '광우병에 걸린 소'라고 소개했다. 말하자면 '광우병에 걸린 미국산 소로 생산한 소고기가 한국에 들어와 한국인들이 먹게 되면 인간 광우병에 걸린다'는 취지의 내용이었다. 이 프로그램이 전파를 탄 이후 확인도 안 된 온갖 거짓말과 괴담들이 꼬리에 꼬리를 물고 대한민국을 뒤덮었다.

　'미국산 소고기를 먹으면 뇌에 구멍이 송송 뚫린다.'

　'광우병이 득실거리는 소고기를 먹느니

　　차라리 청산가리를 입 안에 털어 넣는 게 낫겠다.'

국민들이[01] 광화문 광장으로 밀려 들어 촛불을 들기 시작했다. 광화문 광장은 얼마 안 가 무법천지가 되었다. 광우병 촛불이 반정부 불법 폭력 시위와 반미 투쟁으로 이어진 것이다. 이후, MBC 'PD 수첩'의 방송은 짜깁기 흔적이 있는 거짓[02]으로 판명되었다. 미국에서도, 한국에서도 광우병으로 숨진 사람[03]은 단 한

01　특별취재팀, 〈…청계광장, 촛불나들이 나온 '가족시위단' 북적〉, 《오마이뉴스》(2008.6.5).
02　김순덕, 〈MBC 광우병 사태와 윤 대통령의 자유〉, 《동아일보》(2022.10.4).
03　이하원, 〈미국산 쇠고기 먹은 후 광우병 걸린 미국인 없어〉, 《조선일보》(2008.5.6).

사람도 없었다.

[#장면2] 세월호 참사

2014년 4월 16일, 전남 진도군 조도면 부근 해상에서 여객선 '세월호'가 전복하는 참사가 발생했다. 세월호는 인천에서 제주로 향하던 여객선이었는데 탑승객은 대부분 안산시 단원고 학생들로, 수학여행 길이었다. 사고 발생 이틀 후인 4월 18일, 세월호는 완전히 침몰했다. 이 사고로 시신 미수습자 5명을 포함한 304명이 사망했다.

박근혜 정부는 빠르게 대처했고, 수습 과정에 있어 큰 잘못도 없었다. 다만, 사안 자체가 민감했고, 꽃다운 아이들의 죽음인지라 대한민국 전역은 슬픔에 잠겨 버렸다. 아이들이 죽음 직전에 핸드폰으로 부모에게 보낸 메시지와 영상이 세상에 퍼지면서 대한민국은 다시 한번 몸살을 앓았다. 그런 메시지와 영상을 보면 누군들 가슴이 찢어지지 않았겠는가. 대통령은 대국민 사과를 했고, 이를 기다렸다는 듯이 종북 좌파들은 조직적으로 움직였다. 거짓의 유령들을 출몰시켜 박근혜를 뒤흔들었다.

세월호 7시간 더러운 잠을 잤다.

롯데 호텔에서 남자와 밀월을 즐겼다.

굿판을 벌였다.

종북 좌파들은 아이들이 죽어가는 걸 보면서 "왜 구하지 않았느냐"며 박근혜를 공격하는 한편, 아이들이 죽음 직전에 남긴 마지막 메시지와 영상을 유가족과 상의도 없이 대중에게 틀어주며 선동질을 해댔다. 자신들의 정략적인 목적을 위해 아이들의 죽음을 잔인하게 이용했던 것이다. 그들의 사악한 패륜적 행동은 도를 넘었다. 그 패륜이 박근혜 탄핵을 주도하는 거센 촛불 시위의 광풍을 휘몰아치게 했다.

훗날 문재인은 세월호 참사가 일어난 팽목항을 찾아 방명록에 이런 글을 남겼다.

'얘들아, 너희들이 촛불 광장의 별이었다.

미안하다, 고맙다.'

[#장면 3] 대통령 탄핵

2017년 3월 10일.

대한민국 초유의 헌정 중단 사태가 벌어졌다. 광우병 파동과 세월호 참사에서 혁혁한 성과를 올린 종북 좌파들은 마침내 대통령 박근혜를 탄핵의 길로 내몰았고, 탄핵을 완성했다.

누구도 손대지 않으려던 공공기관 개혁과 연금 개혁 그리고 노동 개혁을 추진했던 대통령 박근혜에게 위기를 느낀 종북 좌파 세력들은 그렇게 서둘러 탄핵을 밀어붙였다. '거짓말도 천 번을 말하면 진실이 된다'는 말을 그대로 재현하듯 종북 좌파들은 온갖 거짓과 조작과 선전 선동을 앞세워 대한민국체제 전복을 시도했고, 마침내 정권 탈취에 성공했다. 그리고 문재인 종북 주사파 정권을 세웠다.

1
부

지옥에서의 한철

군중은 결코 진실을 갈망하지 않는다.
그들은 마음에 들지 않는 자명한 사실을 외면한
채 오히려 오류를 신처럼 섬긴다. 그들을 환상에
빠트릴 줄 아는 사람은 쉽게 그들의 지배자가
되고, 반대로 그들이 환상에서 깨어나도록 애쓰는
사람은 언제나 그들에게 희생되고 만다.

_귀스타브 르 봉, 《군중심리》 중에서

그들은
어떻게 정권을
탈취했나

먼저 인간 박근혜를 공격하라.
박근혜를 감성적 소재로 몹쓸 사람으로 만들어라.
다음으로 박근혜를 탄핵으로 몰아가라.

치명적 약점,
그들과의 은밀한 관계

대한민국의 역사는 이념 전쟁의 역사라고 해도 과언이 아니다. 1917년 레닌이 러시아를 공산주의 혁명으로 붉게 물들인 이후 100년도 훨씬 지나 이미 공산주의 종주국 소련이 사라진 지금까지도 적화 혁명을 기도하는 세력이 좌파左派[04]들이고, 그들의 혁명 노선으로 무장된 세력이 오늘날의 문재인 종북[05] 주사파 세력이다.

좌파들은 셀 수 없이 많은 바리케이드 거리 투쟁을 비롯해 무장 투쟁과 무장 반란을 시도해 왔다. 그렇지만 번번이 자유 민주주의 세력에 의해 격퇴당했다. 말하자면 좌파들의 기동전 전략이 소련과 중공을 제외하곤 전혀 먹히지 않았던 것이다. 1960년대 이후에야 좌파들은 그동안 자신들의 무모하고 무자비했던 폭력 투쟁 노선을 전환했다. 그것이 바로 진지전陣地戰[06] 전략의 시작이다.

진지전 전략이란 자유 민주주의 시장 경제체제 사회 구석구석에다 수십 년 세월을 투자해 종북 좌파 진지들을 구축했던 것

---

04   어떤 단체나 정당 따위의 내부에서 진보적이거나 급진적인 경향을 지닌 파.

05   사회주의나 공산주의적 성향을 띠면서 북한을 추종하는 세력.

06   튼튼하게 진지를 구축하고, 이에 의거하여 쳐들어오는 적과 벌이는 싸움.

을 말한다. 종북 좌파들은 진지에서 위장하고 잠복해 기다렸다가 상황이 무르익었다고 판단됐을 때 일거에 봉기해 자유 민주주의 시장 경제체제를 무너뜨리고 종북 좌파들을 사회 주류로 세우는 전략을 구사했다. 그 끝에 선거라는 요식적 절차를 거쳐 종북 좌파 정권의 정당성에 외피를 입혔다.

종북 좌파들에게 있어 선거는 적화 혁명을 위한 여러 수단 중의 하나에 불과하다. 선거로 정권을 잡을 수 있으면 당연히 선거를 택하지만 그럴 가능성이 없다고 판단될 때는 주저하지 않고 폭력 투쟁이나 쿠데타 등 무장 반란을 감행했다. 그것이 우리의 현대사를 얼룩지게 만든 수많은 반란들이다.

대구 폭동 사건
제주 4·3 사건
여수·순천 반란 사건
지리산 빨치산 사건

1940년대 해방 공간을 물들였던 종북 좌파들의 반란은 조직 결성과 폭동 결행에 있어 주저함이 없었다. 그 끝에 6·25 남침 전면전이 있었다. 그렇다면 6·25 남침에서 패배한 김일성 집단은 대한민국 적화를 포기했을까? 물론 아니다. 김일성 집단은 단 한

번도 남한 적화를 포기한 적이 없다. 전면전과 무장 폭동이 모두 실패한 후에도 북한 조선노동당의 지령과 지시를 받는 형제당을 남한에 건설해 남한의 지하 전위 정당前衛政黨[07]으로 하여금 정치적인 총파업을 일으키게 하고, 결정적인 시기에 북한 조선노동당과 결탁해 대한민국 정부를 일거에 전복시키려는 '통일 전선 전술'을 썼다.

그 과정에서 양산되고 배출된 세력이 종북 주사파 세력들이다. 노무현과 문재인은 주사파는 아니었을지 몰라도 종북 주사파 세력들과 직간접적으로 연계된 자들이다.

정권 탈취 프로젝트,
이슈에서 반미 투쟁으로

종북 좌파들은 김대중·노무현 정권을 거치면서 오매불망 대한민국의 적화를 위해 사회 구석구석에 자신들의 진지들을 뿌리박게 했다. 이들은 10년 만에 자유 우파가 정권을 탈환했음에도 이명박 정부의 정통성을 인정하지 않

---

07   사회 변혁, 혁명을 위해 대중을 선도해야 하는 정당. 러시아의 레닌에 의해 제시된 개념이다.

았다. 531만 표 차이로 패배했음에도 불구하고 말이다.

종북 좌파들은 이명박 정부가 들어선 지 두 달쯤 됐을 무렵부터 이명박 정부를 흔들어대기 시작했다. 2008년 4월이었다. 문제는 종북 좌파들을 상대하는 이명박 정부의 무능과 무기력이었다. 종북 좌파들조차 깜짝 놀랄 만큼 이명박 정부는 심하게 흔들렸다. 그게 광우병 파동이다.

광우병 파동은 노무현 정권이 미국과 FTA를 협상하여 최종 사인만 남겨 둔 채 이명박 정부에 넘긴 미국산 소고기 수입 문제로 인해 시작된 사태다. 노무현의 임기가 한두 달만 더 남았더라면 노무현이 사인했을 사안이다. 물론 소고기 수입 문제는 축산 농가라든지 우리 국민들의 식생활과 직접 관련되는 예민한 문제여서 노무현이 대통령을 더 했어도 사인하지 않고 다음 정권에 떠넘겼을 것이다. 이명박 정부는 그렇게 미국산 소고기 문제를 떠안았고 종북 좌파들은 기다렸다는 듯이 광우병 투쟁을 시작했다.

531만 표 차이의 압도적 지지를 받고 대통령이 된 이명박과 국회 과반(299석 중 153석 차지)을 넘게 차지한 한나라당 국회의원들은 자신들이 맞서 싸우고 있는 종북 좌파들의 실체를 전혀 몰랐다. 이들이 이명박을 대통령으로 인정하지 않고, 정통성 있는 정부로 여기지 않는다는 사실조차도 까맣게 몰랐다. 종북 좌파들이 미국산 소고기 수입을 반대하는 촛불을 들고 청와대를 에워싸며 겁박하자 이명박은 청와대 뒷산에 올라가 광화문에서 들려오는 '아침이슬' 노래를 따라 부르며 눈물을 훌쩍였다.

정통성 있는 권력이 마땅히 해야 될 정책 집행 과정이 종북 좌파들의 선전 선동에 발목 잡혀 그대로 나자빠지는 황당한 상황이 연출된 것이다. 종북 좌파들은 광우병 파동으로 재미를 톡톡히 봤다.

'우파, 우파, 자유 우파 하지만
저것들은 일단 흔들면 흔들리는구나, 별 것 아니네.
저것들은 유난히 촛불에 약한 것 같다.
감성적인 이슈를 가지고 애들을 앞세우고 유모차를 끌고 나와
시위를 하면 저것들은 꼼짝 못하네.'

종북 좌파들은 박근혜 정부에도 이명박 정권을 흔들고 무너뜨리려고 했던 것과 똑같은 방법으로 접근했다. 기회를 엿보다가 세월호 참사를 촛불의 계기로 잡아냈다. 그러나 그것만으로는 콘크리트 지지층이 버티고 있는 박근혜 대통령을 끌어내릴 수 없었다. 다음 기회를 노렸다. 최서원(최순실)이 좌파들의 레이더에 포착된 것은 그 즈음이었다. 따지고 보면 별것도 아니었다. 박근혜가 정치를 할 때 정치적 조언을 가끔 받았던 사이로 대통령 비서들과 연계해 청와대 출입을 편하게 한 것이 사달이었다.

이 일은 종북 좌파들이 대중을 선전 선동할 자극적인 소재가 되기에 충분했다. 그들은 다시 촛불을 들었고 대통령 박근혜의 탄핵으로 폭주했다. 묵혀 뒀던 세월호 참사도 다시 꺼내 들었다. 종북 좌파 언론들에 의해 자극적 소재들이 연일 가공되어 물밀듯 쏟아져 나오면서 박근혜를 세상에 둘도 없는 몹쓸 사람으로 만들었다. 박근혜와 그 주위 사람들 모두를 싸잡아 호가호위하는 협잡꾼들로 만들어 버렸던 것이다. 종북 좌파 세력은 정권을 뺏긴 지 10년 만에 너무나 손쉽게 정권을 탈취해 갔고 마침내 종북 주사파, 문재인 정권을 세웠던 것이다.

탄핵 과정을 들여다보면 종북 주사파들은 매우 영악하며, 조직적으로 움직였음을 알 수 있다. 박근혜 탄핵 전체를 지휘하는 전략 지휘부가 확실히 존재했다고 판단된다.

먼저 인간 박근혜를 공격하라,

박근혜를 감성적 소재로 몹쓸 사람으로 만들어라.

다음으로 박근혜를 탄핵으로 몰아가라.

전략 지휘부에 어떤 자들이 있었는지 열거할 구체적인 자료는 없다. 그렇지만 그들은 촛불을 들고 박근혜를 겁박하고 압박해 탄핵하여 마침내 대통령 자리에서 끌어내려 감옥에 보낸 후, 문재인을 내세워 정권을 탈취해 갔다. 일련의 과정은 어쩌다가 만들어진 우연적 사건은 아니었다.

처음부터 종북 좌파 세력들의 전략 지휘부가 정교한 시나리오를 세우고, 감성적 소재들을 적절히 배치하여 자신들의 역량을 전술적으로 운용해 만들어 낸 일련의 정치 공작이란 생각을 떨쳐낼 수가 없다. 그렇지 않고서야 불과 며칠 만에 600여개가 넘는 종북 좌파 단체들이 '박근혜 탄핵 국민행동본부'로 집결할 리가 만무하다. 연일 문화제 형식의 촛불 집회가 기획되는가 하면, 이른바 개념 연예인이라는 좌파 연예인들이 무대에 서고, 청와대가 따라가기 버거운 자극적인 이슈들이 연속적으로 언론에 폭로될 수가 없다.

종북 좌파 전략 지휘부는 문재인 종북 주사파 정권의 핵심 주류로 여겨진다. 전략 지휘부는 단순히 촛불을 들고 시위만 기획실행했던 게 아니었다. 2016년 4·13 총선도 그들이 주도했다.

내부의 적과 동침해
탄핵을 완성하다

2016년 4·13 총선은 새누리당이 못해도 150석 과반은 차지할 거라고 예측된 선거였다. 선거가 다가오면서 160석, 170석, 심지어 180석까지 가능하다는 예측이 나왔다. 그런데 선거를 두 달여 남겨 놓고 상황이 급변했다. 종북 좌파들은 필요하면 청산가리라도 먹겠다는 심정으로 김종인을 비대위원장에 앉혔다. 할 수 있는 모든 것을 다했다.

반면 집권 세력이었던 새누리당은 그야말로 느슨하고 방만하기 짝이 없었다. 허구한 날 당권 투쟁이나 해댔다. 2년 후에 있을 대통령 선거[08]를 염두에 둔 정파 투쟁에 매몰돼 버렸다.

그 과정에서 김무성·유승민 파동이 일어났다. 2016년 총선 4대 이적 행위자들이 등장했다.

- 입만 열면 친박 타령했던 진박 감별사 최경환.
- 그런 친박들을 내세워 날카롭지도 않은 칼을 함부로 휘둘러 공천 과정을 너덜너덜하게 만든 이한구.
- '김무성을 때려잡아야 된다'는 전화 통화 녹취록이 공개되는 바람에 친박 세력이 변명도 하지 못하고 호가호위나 하는 포악한 세력으로 전락하게 만들어 버린 윤상현.
- 도장 들고 튄 김무성.

---

08   실제로 박근혜 대통령이 탄핵되는 바람에 1년 후인 2017년에 선거가 치러졌지만, 탄핵이 되지 않았다면 2년 후인 2018년에 있었을 대통령 선거.

이들은 자유 우파가 완벽하게 이길 수 있었던 선거를 종북 좌파들에게 고스란히 갖다 바친 이적 행위자들이다. 총선 결과 새누리당이 딱 1석 차이로 패했다. 온갖 자충수와 실수들이 쏟아졌음에도 불구하고. 당시 선거 국면이 새누리당에 얼마나 유리했는지를 짐작케 한다.

1석 패배가 자유 우파 비극의 시작이었다. 국회 입법부를 종북 좌파들에게 빼앗겼다. 국회를 장악한 종북 좌파들은 박근혜 친박 세력과 결별할 수밖에 없었던 김무성과 유승민을 꼬드겨 박근혜 대통령 탄핵의 부역자로 만드는 데 성공했다.

자유 우파가 분열만 하지 않았으면 박근혜 대통령의 탄핵은 불가능했다. 대통령도, 자유 우파도 한두 명의 이탈은 있을지 몰라도 설마 김무성과 유승민이 60여 명의 새누리당 의원들을 집단적으로 끌어모아 대통령 탄핵에 찬성표를 던지는 배신을 할 거라 예상치 못했다.

종북 좌파들은 비대위원장인 김종인을 내세워 이해찬을 공천에서 탈락시키는 등의 극약 처방을 쓰며 결사적이었던 반면, 자유 우파는 진박을 감별하니 어쩌니 하면서 호가호위로 건방지기 짝이 없는 언행을 일삼으며 김무성과 유승민의 집단 배신을 사실상 방조한 꼴이 되고 말았다. 이런 정치 실패가 최서원 사건을 계기로 촛불을 들고 거리로 뛰쳐나온 종북 좌파 세력에게 공작할

빌미를 줌으로써 대세는 완전히 뒤집어져 버렸다.

종북 좌파들은 연달아 대선에서 패했지만 이명박 정부와 박근혜 정부를 단 한 번도 인정하지 않았다. 9년 내내 호시탐탐 기회를 노리고 있다가 박근혜의 약점이 드러나자 일제히 진지를 박차고 나와 촛불을 들고 박근혜를 포위했다. 동시에 대통령과 심각한 갈등 관계에 있었던 김무성과 유승민을 적극적으로 유인해 집단적 배신으로 이끌어 자신들이 직접 뽑은 대통령을 탄핵케 하는 초유의 사태를 만들어 냈다.

2017년 5월 9일 문재인의 대선 승리는 종북 좌파와 혁명 세력의 수십 년간에 걸친 진지전의 성과였다. 좌파들의 통일 전선 전술에 의해 촛불을 들고 거리로 나선 수많은 중도파 국민들, 김무성과 유승민을 비롯한 새누리당 국회의원 60여 명을 탄핵으로 유도해 내는 데 성공한 종북 좌파 세력의 정치 공작 결합이 된 사건이 박근혜 대통령 탄핵이었던 것이다.

국회를 통과한 박근혜 대통령 탄핵 사건을 헌재를 압박해 파면 결정을 내리도록 하는 일은 종북 좌파들 입장에선 어려운 일도 아니었다. 문재인은 여론이 어떻게 움직이는가를 하루 종일 살피고 다니던 헌법재판관들에게 촛불을 들이밀며 "탄핵 안 하면 반란이다. 탄핵 안 하면 내란이다"라고 협박했다.

상황이 이토록 심각하게 돌아가는데도 자유 우파와 박근혜 측근들은 대통령이 임명한 헌법재판관들을 믿고 마지막 날까지 헌재가 탄핵을 기각시킬 거라는 실낱같은 믿음을 붙잡고 있었다. 박근혜 자신이 직접 공천해 3선·4선·5선 의원이 될 때까지 보살펴 주었던 직속 부하들조차도 집단적으로 배신한 마당에 헌법재판관 몇 명이 입장을 바꿔 탄핵에 가담할 거라는 것을 예상치 못했다는 것은 답답하다 못해 황당하기까지 한 비극적 상황이 아닐 수 없다.

고성국의 공産산당선언 원칙

왜 《고성국의 공産산당선언》 인가?

공산당·종북 좌파·종북 주사파 세력은 대한민국을 부정하고 체제를 전복하려는 세력이다.

'공産'은 '없다, 비다'는 뜻으로 '대한민국에서 불온한 세력의 존재를 없게 하거나, 공산당·종북 좌파·종북 주사파들의 영향력을 없애겠다'는 선언이다.

그들은 어떻게 정권을 탈취했나?

30년 넘게 진지전에 기반하여 양성된 종북 좌파 활동가들은 결정적 계기가 오자 일제히 거리로 뛰쳐나와 촛불을 들고 기동전을 펼쳤다. 박근혜 대통령을 끌어내려 감옥에 가둬 버린 후 2017년 5월 9일, 문재인의 종북 주사파 정권을 세웠다.

그들은 대체
무엇을
하려고 했나

이 시각에도 종북 좌파들은 주한 미군 철수를
요구하고 주장하면서 선전전을 벌이고 있다.
이는 북한이 남한을 적화하여 한반도를
단일 공산주의 국가로 만드는 꿈을 포기하지
않고 있다는 반증이다.

'잊혀지고' 싶은
그의 속내

2020년 1월 신년 회견에서 문재인은 다음과 같은 말을 했다.

"임기 후 잊혀진 사람으로 돌아가고 싶다.

대통령 이후는 생각하지 않는다.

그냥 대통령으로 끝나고 싶다.

현실 정치와 계속 연관을 가지거나 그런 일을 일체 하고 싶지 않다."

그는 퇴임 20여 일을 앞둔 2022년 4월 말에도 "텃밭을 가꾸고 개, 고양이, 닭을 기르며 살겠다"고 했다. 잊힌 사람이 되고 싶다? 통치 5년 내내 자행했던 수많은 과오와 위법과 죄들은 다 어쩌고? 마치 자신의 통치 기간 5년 후엔 세상이 없어지기라도 할 것처럼 날뛰지 않았나? 청년들의 미래를 도둑질해 나랏빚을 늘려 현금 살포 정책을 남발하기 일쑤였다. 양질의 일자리를 줄이고 일용직을 늘리는 정책을 일삼았으며, 서민들의 가계 소득을 낮추는 정책을 강요했다. 9·19 군사 합의로 대한민국 안보를 위태롭게 하는가 하면 멀쩡한 원전을 폐기하는 바람에 에너지 공공요금의 급등을 초래케 했다.

고성국의 공空산당선언

어디 그뿐인가. 코로나19 때는 국민을 마스크 구매를 위한 줄을 서게 만들고, 정부 보조금에 의지하게 하는 사회주의 국가 급행열차에 탑승시켰다. 사람들이 점차 감시 권력에 의지하게 되면서 물리적 자유뿐만 아니라, 지적 판단의 자율성까지도 빅 브라더에 넘겨주게 되는 조지 오웰의《1984》처럼 만들고자 했다.

반면 꼭 해야 할 일들은 철저히 외면한 문재인 종북 주사파 정권이었다. 국민연금의 존속을 위해 보험료를 올려야 할 사안은 "국민 눈높이와 맞지 않는다"는 핑계로 개정 건의를 거절했고, 노동·교육 개혁도 철저히 외면했다. 자신을 향해 제기되는 비판에는 서슴없이 통계 조작으로 대응했다. 국민이 떠안아야 할 부담 증가에 따른 정치적 책임은 단 하나도 지지 않은 채 퇴임 후 잊힌 사람이 되겠다니. 낯 두껍고 뻔뻔하기 이를 데 없다.

한 번도 변한 적 없는
그들의 노선

종북 좌파들에게 있어 정권 탈취는 궁극적 목적이 아니었다. 물론 정권을 탈취하면 빵 부스러기라도 주워 먹을 게 있을 테니 주변의 어중이떠중이들이 개노릇이라도 하려고 모여들긴 했다.

종북 좌파들의 진짜 목표는 빵 부스러기가 아닌 빵 전체를 먹어치우는 것이었다. 대한민국체제를 전복하고 적화하는 것이 그들의 궁극적 목표였다. 체제 전복과 적화. 이것이 종북 좌파 세력의 진짜 목표였다. 정권 탈취는 체제 전복과 적화를 향해 가는 첫번째 단계일 뿐이다.

지난 70~80년의 대한민국 현대사를 들여다보면 종북 좌파들의 목적이 단순히 정권 탈취에 있는 게 아니라 체제를 전복해 남한을 적화하려는 데에 있다는 것이 극명하게 드러난다. 그들은 체제를 전복하기 위해서라면 무장 투쟁이나 전쟁도 주저하지 않았다. 자기들이 이길 수 있다고 판단하면 그다음 날로 무장 봉기를 하고 무장 폭동을 일으켰으며, 전쟁까지 불사했다. 무력을 통한 대한민국체제의 전복과 적화는 지난 70~80년 동안 종북 좌파들이 한 번도 포기한 적 없는 전략 목표였다.

전면적 전쟁 방식과
게릴라전

종북 좌파들의 무장 투쟁 방법에는 두 가지가 있다. 북한 김일성·김정일·김정은 3대 세습체제는 이 두 가지 방법을 교묘하게 혼합하여 구사했다. 무장 봉기를 했다가 군 반란을 일으키는가 하면 한미 양국의 느슨한 틈을 노려 전면전을 벌이기도 했다. 전면전이 실패로 돌아가자 무장 게릴라들을 남한으로 침투시켰다. 1968년 1·21 청와대 무장공비 습격 사건과 울진·삼척 무장공비 침투 사건 등이 그것이다. 그것도 안 되니까 이번에는 1983년 10월 해외 순방 중이던 전두환 전 대통령을 암살하려고 서남아 순방 첫 방문국 미얀마(버마) 아웅산 묘소에 폭탄 테러를 감행했다. 미얀마 시내 교통이 정체돼 전두환이 타고 있던 차가 늦게 도착하는 바람에 참극을 면했지만, 미리 와 대통령을 기다리고 있던 17명의 대한민국 정부 요원들을 한꺼번에 잃고 말았다.

이런 무장 투쟁 노선을 김일성·김정일·김정은 집단은 포기한 적이 없다. 당장 내일이라도, 다음 주라도, 다음 달이라도 우리 사회가 극심한 혼란에 빠져 군의 대북 대응 태세가 이완되고 전쟁이 발발해도 미국의 즉각 개입이 어려운 국제 정세가 조성되면 김정은 일당은 언제든 전면전을 불사할 것이다. 이는 김일성과 김정일의 유언이기도 하다.

전위당前衛黨[09]의
역할

　　　　　　종북 좌파들은 대한민국을 전복·적화하기 위한 방법으로 내부로부터의 체제 전복을 위한 전위당을 조직한다. 전위당은 대중 정당과 차원이 다르다. 혁명을 위한 정당이다. 혁명을 위해 목숨을 걸고 투쟁하는 직업적 혁명가들의 정당이 바로 전위당이다.

　　6·25 전쟁에서 패배하고 물러난 북한은 끊임없이 대한민국 내 북한 지령을 받는 조직을 만들어 왔다. 말하자면 북한 조선노동당으로부터 지령 받는, 남한 전위당 조직을 만들려고 했던 것이다. 그 과정에서 공안 기관에 적발돼 처벌된 사건은 다음과 같다.

　　1차 통혁당(통일혁명당) 사건

　　2차 통혁당 사건

　　인혁당(인민혁명당) 사건

　　남민전(남조선민족해방전선준비위원회) 사건

　　중부당 사건

　　동부 연합 사건

───────────

09　북한어. 노동자 계급의 전위대로서 사회주의 혁명을 위한 투쟁을 선도하는 정당.

이 모든 조직은 대한민국을 전복하고 적화하기 위한 남한 전위 조직들이었다. 사건에 등장하는 통혁당, 인혁당, 남민전 등의 전위 조직들은 예외 없이 북한 조선노동당 즉, 김일성·김정일로부터 직접 지시를 받아 움직였다.

뜨거운 이름, 통일 전선 전술

좌파는 자신들의 힘이 약할 때
주적과 대립 관계에 있는 다른 세력들을
모두 자기들 편으로 끌어들여 연합 전선을 운영한다.

종북 좌파들이 대한민국체제 전복과 적화를 위해 구사한 통일 전선 전술은 사실 내용을 알고 보면 얄팍한 기만술에 지나지 않는다. 문제는 이 얄팍한 기만전술이 곧잘 먹혀 들어간다는 데에 있다. 이를테면 목적은 대한민국체제 전복에 있지만, 당장 자기들의 힘이 약할 때는 대한민국 정부를 '독재 정권'이라고 규정하여 종북 좌파뿐만 아니라 독재에 저항하는 자유주의 세력과 민주화 세력들까지 모두 자기편으로 끌어들여 '함께 손잡고 투쟁하자'라는 연합 전선을 형성한다.

이승만·박정희·전두환 정부 시절에 종북 좌파들이 '자유 민주주의냐, 공산주의냐'는 속내를 노골적으로 드러내며 투쟁을 했다면 소수파를 면할 수 없었을 것이다. 종북 좌파들은 그런 바보 같은 짓을 하지 않았다. 이승만·박정희 정부나 전두환·김영삼 정부, 심지어 이명박·박근혜 정부 때도 자신들의 힘이 약했기 때문에 집권당을 향해 '독재 정권'이라고만 매도했다. 그러면서 '독재 정권을 타도하기 위해 반독재 세력과 자유주의와 민주주의 세력 모두가 힘을 합쳐 투쟁하자'고 선동했다.

종북 좌파들의 그런 주장과 선전 선동이 먹히면 집권당은 소수파로 전락하고, 자신들은 반독재 세력에 저항한 다수파로 변신한다. 그것이 바로 통일 전선 전술이다. 모택동이 일본에 저항하기 위해 국공합작을 두 차례나 진행했던 것이 바로 전형적인 통일 전선 기만전술이다.

그들의 꿈

김일성·김정일·김정은 3대 세습 체제를 지지하는 소수파 종북 주사파 세력은 다수파인 대한민국 정부를 전복하고 타도하기 위해 끊임없이 통일 전선 전술을 구사해 왔다. 민주화 세력은 말할 것도 없고 각종 이익 단체와 노조·환경 운동 단체를 포함해 성소수자 단체까지 부추겨 자유 민주주의 시장 경제를 지지하고 자유 민주주의 시장 경제를 지향하는 자유 우파 세력을 포위하는 통일 전선 전술을 구사했던 것이다. 그러면서 그들의 염원인 '주한 미군 철수'와 '국가 보안법 폐지'를 슬그머니 끼워 넣었던 것이다.

종북 좌파들의 주한 미군 철수 주장은 애치슨라인Achesonlin[10]의 추억을 소환했다. 실제로 미국은 1950년 1월, 북한과 소련의 유화 쇼에 넘어가 남한에 주둔해 있던 미군을 철수했다. 남한이 미국 방위선 바깥에 있다는 선언을 했던 것이다. 그 후 6개월이 채 지나지 않아 북한은 기습 남침을 감행했다. 이에 대응해 한국과 미국은 서둘러 한미 군사 동맹을 맺었다. 그 후 미국의 핵우산과 주한 미군의 강력한 대북 억제 전략으로 북한의 전쟁 도발을 억제해 왔다. 북한과 종북 좌파들 입장에서는 자신들의 뒷덜미를 옭죄고 있는 주한 미군을 어떻게든 철수시켜야만 했다. 그래야 전면전이든 게릴라전이든 통일 전선 전술이든 해볼 수 있기 때문

---

10   제2차 세계 대전 직후인 1950년 1월 12일, 미국의 국무장관 애치슨이 미국의 동북아시아 군사 방위선인 애치슨라인을 발표한 선언. 그 결과로 한국, 대만, 인도차이나반도가 미국의 방위에서 제외되었고, 이로 인하여 6·25 전쟁이 일어나게 되었다는 평가를 받고 있다.

이었다.

북한의 김일성·김정일·김정은 3대 세습체제에 이르기까지 단 한순간도 중단하지 않았던 선전이 주한 미군 철수다. 이 시각에도 종북 좌파들은 주한 미군 철수를 요구하고 주장하면서 선전전을 벌이고 있다. 이는 북한이 남한을 적화하여 한반도를 단일 공산주의 국가로 만드는 꿈을 포기하지 않고 있다는 반증이다.

국가 보안법과
그들의 서열 관계

국가 보안법은 국가의 안전을 위태롭게 하는 반국가 활동을 규제하기 위해 제정한 법률이다. 북한을 반국가 단체, 체제 전복 세력으로 규정하고 북한 활동에 동조하거나 대한민국체제를 전복하려는 반란 집단을 처벌하는 법이다. 그러니 북한으로선 어떡하든 국가 보안법을 철폐해야만 했다. 북한이 대한민국 정부로부터 반란 집단으로 규정되지 않기 위해선 그것밖에는 달리 방법이 없었다. 북한이 모든 종북 좌파와 종북 시민 사회단체들을 동원해 끊임없이 국가 보안법 폐지를 요구해 온 이유다.

북한은 국가 보안법 폐지로 대한민국 국민의 사상을 무장 해

제시키고, 주한 미군 철수로 대한민국이 입고 있는 두터운 안보 갑옷을 벗기려 하고 있다. 이런 교활한 북한의 전략에 호응하는 세력이 있었으니 그게 바로 종북 주사파 세력들이다.

문재인은 그런 종북 주사파 세력을 등에 업고 정권을 잡자마자 제일 먼저 개헌을 추진했다. 조국曺國이 3일에 걸쳐 장황하게 설명했던 문재인 개헌의 핵심은 '자유 민주주의'에서 '자유'를 빼는 것이었다. 자유 민주주의에서 '자유'를 빼면 '민주주의'는 '인민 민주주의'가 될 수 있었다. '인민 민주주의'가 무엇인가. 바로 북한체제가 아닌가.

북한의 공식 국호는 '조선민주주의인민공화국'이다. 국호에 '사회주의'나 '공산주의'가 들어가 있지 않다. 위장 전술을 쓰는 것이다. 자기들은 곧 죽어도 '(인민) 민주주의 국가'라는 것이다. 인민이 주인으로서 민주주의를 하는 인민 민주주의이지 공산주의가 아니라는 것이다. 즉, 대한민국은 '자유 민주주의'이고, 북한은 '인민 민주주의'이기 때문에 '자유 민주주의'에서 '자유'를 빼버리면 '자유'를 뺀 자리에 '인민'을 채워 북한체제처럼 통치하려 했던, 체제 전환 시도가 '문재인 개헌'의 핵심이었다.

문재인 종북 주사파 정권의 핵심 정치인 중에는 국가 보안법으로 처벌받은 자들이 수두룩하다. 그들이 북한 지령에 따라 또는 자발적으로 대한민국의 안전을 위협하는 행위를 했다는 뜻이다. 그들은 국가 보안법 위반으로 유죄 판결을 받고 형을 살았던 것을 훈장으로 치부한다. 그들 사이의 서열을 매기는 잣대이기도 하다.

국가 보안법 위반으로 6년이나 형을 살았던 은수미의 위상이 어떠한가. 그가 저지른 수많은 사회적 물의에도 불구하고 대법원에서 판결을 뒤집어 성남 시장 자리를 지킬 수 있었던 것은 재판 거래 때문만은 아닐 것이다. 수많은 국가 보안법 위반자들의 "이 땅의 민주화를 위해 싸우다 국가 보안법을 위반했다"는 말은 대부분 새빨간 거짓말이다. 그들은 김일성의 지령에 따라 대한민국 체제를 전복하려 했던 반란자들에 지나지 않는다. 그들을 수사한 공안기관의 수사 기록과 공소장에는 그런 내용이 한가득이다.

6개월짜리
경력으로 불평등한
세상을 만드는 법

9·19 군사 합의도 마찬가지다. 9·19 군사 합의로 가장 큰 타격을 받은 것은 '주한 미군'이다. 당장 한미 연합 군사 훈련에 제동을 걸었다. 미군으로 하여금 휴전선 일대의 북한 지역을 정찰하지 못하게 만들었다. 북한 지역 정찰은

우리 군에서도 하고 있었지만 미국의 전략·정보 자산에 많이 의존해 왔다. 9·19 군사 합의는 한국군을 무력화하기 위한 것이기도 하지만 핵심은 미군이고 한미 연합군이다.

이처럼 통일 전선 전술로 주한 미군을 철수시키고 국가 보안법을 폐지하기 위해 암약해 온 것이 북한이다. 그런 북한의 전략에 적극적으로 맞장구치며 호응해 준 자가 대한민국 대통령 문재인이었다는 사실은 충격이다. 종북 주사파 문재인 정권 5년은 자유 민주주의가 아닌 인민 민주주의 이념에 사로잡힌 대통령이 통치한 시대라고 말해도 틀리지 않는다. 그토록 위험하고 사악한 문재인에게 호응한 세력이 문재인만큼 사악한 종북 주사파 세력이었다.

문재인 종북 주사파 정권은 권력을 잡은 다음, 어떡하면 대한민국체제를 전복하고 적화시킬 것인지를 탐구했다. 탈취한 국가 권력을 이용해 대한민국 구석구석에 종북 좌파 진지들을 만들었다. 그중에는 수십 년간 구축해 온 진지들도 있다.

민간 영역을 종북 주사파들 활동의 장으로 문을 활짝 열어 준 자가 박원순이었다. 박원순은 서울 시장을 하는 동안 무려 4,000여 개의 각종 종북 좌파 단체들에다 서울 시민의 세금을 지원했다. 그 과정에서 뿌리를 내리고 영향력을 키운 조직과 단체들이 모두 종북 좌파 진지들이다. 문재인 일당이 권력을 탈취해 5년 동안 가장 심혈을 기울인 것은 우리 사회 곳곳에 그런 진지들을 구축하는 일이었다.

대한민국 정부의 모세혈관에 해당되는 이장·반장·통장들까지 자기들 코드에 맞는 자들로 교체했다. 수당을 50퍼센트 인상하고 자기들 입맛에 맞는 세포 활동가들을 발굴해 재교육했다. 더 나아가 법조계, 언론계, 학계 등 상대적으로 종북 좌파들의 진지가 구축되기 어려웠던 분야까지도 국가 권력을 적극적으로 활용해 구축하기에 이르렀다.

자유 우파들에게도 70~80년 동안 종북 좌파와 싸워 가면서 구축해 놓은 진지들이 있었다. 그 진지들을 사악하고 불온한 자들이 해체하기 시작했다. '한국자유총연맹'을 접수해 '종북 좌파 총연맹'으로 만들고자 했고, '새마을운동중앙회'를 접수하여 '적화 새마을협의회'로 개조하고자 했다. '민주평화통일자문회의'를 접수해 전 세계에 퍼져 있는 평통 위원 자리를 종북 좌파들에게 재분배했다. '바르게살기운동중앙협의회'를 접수해 '종북 좌파처럼 살기 협의회'로 개조하기에 이르렀다.

종북 좌파들은 국가 권력을 악용해 종북 좌파 진지들을 수십만 개를 만들었다. 마치 하늘에서 무차별적으로 떨어뜨리는 폭탄처럼 마구잡이식으로 퍼부었다. 관변 단체를 악용해 종북 좌파에게 유리한 선거 환경을 조성했다. '방송법'을 만들어 언론

환경을 자기들에게 일방적으로 유리하게 형성하고자 했다.

종북 좌파는 젊은 일꾼들을 대거 발탁해 청와대로 데리고 들어가 6개월짜리 행정관 경력을 쌓게 했다. 지상파와 종편에 압력을 행사해 청와대 행정관 경력밖에 없는 젊은 종북 좌파들을 방송 패널로 들이밀었다. 방송 준비가 전혀 돼 있지 않아 입도 뻥긋 못하는 자들이었지만 종북 좌파들은 상관하지 않았다. 노이즈 마케팅을 해서라도 인지도만 올리면 그만이었다. 그 인지도를 갖고 국회의원과 구청장에 나왔고, 시의원과 도의원에도 나왔다. 이런 공작은 문재인 정권 내내 자행되었다.

선거 과정 전체를 장악하기 위한 일도 서슴지 않았다. 대법원은 물론 선거관리위원회와 방송통신위원회를 포함해 법무부, 행안부 등 핵심 포스트까지 전부 종북 좌파들을 앉혔다. '한 번도 경험하지 못한 나라를 만들겠다'고 했던 문재인의 말은 허언이 아니었던 것이다.

종북 좌파들은 정권을 탈취해 무엇을 하려고 했나?

종북 좌파들은 강남에 아파트 사고, 증시 작전에 가담해 돈을 벌고, 암호화폐로 장난 좀 치고, 가짜 스펙 만들어 자식들을 좋은 대학에 보내기 위해 정권을 잡은 것이 아니다. 종북 좌파들의 목적은 대한민국체제 전복과 적화에 있다. 그것을 위해 전면전과 게릴라전을 불사하는 것이 북한이다. 남한의 정치 정세가 허용하는 범위 안에서 전략적 유연성을 발휘해 무력·무장 투쟁과 진지전 그리고 통일 전선 전술을 전개할 것이다.

버티고,
버티고,
버티며 투쟁하는

그가 나타나기 전에
'국민의힘' 대권 주자들의 면면을 들여다보면
막막함 그 자체였다.
대권 주자들의 지지율을 전부 합쳐도
10퍼센트가 안 되었다.

김일성을 향한
문재인의 앞으로나란히

대한민국 제18대 대통령 박근혜는 아무런 헌법과 법률 위반도 없이 '헌법 수호 의지가 없다'는 황당한 이유로 탄핵당했다. 헌법이 규정하는 절차는 철저히 무시되었다. 탄핵당한 박근혜는 문재인이 취임도 하기 전에 감옥으로 보내졌다. 1년 후 이명박도 구속되었다. 두 명의 전직 대통령은 문재인 퇴임 1년여를 앞두고 각각 22년과 17년 형을 확정 받았다.

대법원장이었던 양승태는 문재인이 집권하는 동안 재판만 200번도 넘게 받았다. 그러나 국민들은 그가 왜 재판을 받는지, 어떤 죄가 있는지 알지 못했다. 문재인과 종북 주사파 정권은 '사법 농단'이란 말을 모호하게 부풀려 듣는 이들의 귀에 인이 박힐 정도로 주입했다. 마치 그런 죄목이 법전 어디에 있기나 한 것처럼.

문재인 종북 주사파 정권은 그렇게 두 명의 대통령과 대법원장, 김기춘 등 전 정부 고위 공무원과 4명의 국정원장을 비롯해 수백여 명을 구속했다. 동시에 수백여 명의 반국가 범죄자들을 풀어 주고 사면 복권했다.

공산주의자들은 혁명에 성공하면 제일 먼저 기존 세력을 숙청한다. 김일성이 북한 정권을 세우고 대대적인 피바람을 일으킨 것처럼. 문재인과 그 일당들은 정권을 탈취한 후 각종 언론 매체를 앞세워 선전 선동을 펼치며 적폐 청산의 칼날을 휘둘렀다. 문재인과 종북 주사파 세력의 서슬 퍼런 칼날을 자유 우파는 어떻게 버텼을까.

어둠이 있는 곳에서
만나다

종북 좌파들이 어느 날 갑자기 촛불을 들고 "박근혜 탄핵"을 외치면서 길거리와 광화문을 점령했다. 거의 모든 언론이 연일 박근혜 탄핵을 주장하고 외쳤다. 자유 우파 국민들은 전혀 예상하지 못한 상황 전개에 당황하지 않을 수 없었다. 난생 처음 겪는 상황들이었다. 더구나 박근혜 정부와 대통령 핵심들의 대처가 너무 안이했다. 전략적이지 못했다. 대통령이 대국민 사과를 할 때마다 재사과하라는 요구는 더욱 거세게 빗발쳤다.

자유 우파 국민이 정말 놀랐던 것은 배신자 국회의원들의 등장이었다. 종북 좌파들이 촛불을 들었을 때 종북 좌파들의 손을 잡고 대통령 탄핵에 찬성표를 던진 새누리당 국회의원들 숫자가 무려 60여 명에 달했던 것이다. 도저히 이해할 수 없었다. 아무리 이성적이고 합리적으로 이해하려 해도 이해가 되지 않는 황당한 상황이었다. 처음 겪는 그 황당한 상황이 현실이 되고 역사가 되는 흐름 속에서 자유 우파 국민들은 집단적 패닉 상태에 빠져 버렸다.

이 극한의 상황을 돌파한 것은 역시 투쟁이었다. 새누리당 의원들은 종북 좌파들의 공격에 맞서 제대로 저항하지 못했다. 아니 저항하지 않았다는 표현이 더 정확하다. 모두 휩쓸려 갔다. 어느샌가 자유 우파 국민들의 모습도 촛불에 가려져 거의 보이지 않았다.

그때였다. 자유 우파 국민 한 사람 두 사람이 태극기를 들고 촛불이 장악한 광화문 광장에 모습을 드러내기 시작했다. 그들은 종북 좌파가 무너뜨리려 하고 있는 자유 민주주의체제를 수호하기 위해 태극기를 들었고, 대통령 박근혜를 지키기 위해 광장으로 나섰다. 좌파의 선동과 폭정에 맞선 투쟁의 시작이었다.

'탄핵 반대'를 위한 태극기 집회가 본격적으로 시작된 것은 2016년 가을 즈음이었다. 촛불들로 가득 찬 광화문 광장에 어느덧 수많은 태극기가 물결쳤다. 촛불 세력이 감히 무시하지 못할 정도의 규모였다. 처음, 자유 우파들은 직업적 전문 시위꾼인 종북 좌파 활동가들이 주도하는 문화제 형식의 촛불 집회에 제대로 대응하지 못했다. 대중 가수들을 동원해 분위기를 한껏 고조시킨 후 촛불을 들고 위압적 분위기를 만들어 가는 종북 좌파들 놀음에 잔뜩 주눅이 들었다. 마치 절대 다수 국민의 뜻인 것처럼 분식粉飾[11]하면서 전개된 촛불 집회에 대항하기에 태극기 집회는 열악하기 짝이 없었다. 대부분이 고령자들인데다 난생 처음 태극기를 들고 하는 집회였으니 오죽했을까. 촛불을 상대로 전면전을 벌이는 것은 생각조차 하기 어려운 현실이었다.

비극의 탄생

2016년 말, 국회가 새누리당 '국회의원' 60여 명의 배신자들의 부역으로 박근혜 대통령을 탄핵해 헌법재판소로 판결을 넘기자 태극기 집회는 더욱 강력한 응집력을 발휘했다. 헌법재판소 주변을 연일 태극기 물결로 메웠다. 그러자 촛불 세력들이 헌법재판소의 판결에 정치적 영향을 주면 안된다는 명분을 내세워 태극기 집회 자체를 억압하기 시작했다.

국회에서 탄핵안을 통과시킨 종북 좌파들은 헌법재판소 재판관들의 부역 재판을 예감하고 탄핵 반대 태극기 집회의 명분을

---

11 실제보다 좋게 보이려고 사실을 거짓으로 꾸밈.

빼앗기 위해 양비론을 구사했다. '헌재에 압력을 가해선 안 된다'
는. 그럼에도 불구하고 자유 우파는 태극기를 들고 헌법재판소
주변을 포위하며 점점 집회 수위를 높여 갔다.

2017년 3월 10일 운명의 날이 밝았다. 종북 좌파의 촛불 선동
에 넘어간 헌법재판관 8명은 만장일치로 대통령 파면 결정을 내
렸다. 터무니없는 판결이었다. 판결에 항의하는 과정에서 급기야
태극기 집회에 참여했던 네 명이 사망했다. 시위 도중 단 한 명이
라도 사망하는 일이 생기면 시위 자체보다 사망은 더 큰 사건이
되기 마련이다. 그런데 어찌 된 노릇인지 3월 10일에 있었던 태
극기 시민들의 사망은 종북 좌파 언론의 침묵 속에 철저히 덮여
지고 말았다. 제대로 된 보도가 전혀 이루어지지 않았다.

박근혜 대통령의 파면이 기정사실로 되면서 종북 좌파들이 주
도했던 탄핵 후 정치 일정은 빠르게 전개됐다. 헌법 소장 권한 대
행을 맡았던 이정미는 파면 결정문을 낭독하기 위해 헌법재판소
로 들어섰는데 머리에 헤어 롤을 말고 있었다. 그 모습이 언론에
포착되었다. 그 정도로 경황이 없었다. 그런데 아이러니하게도
이정미의 헤어 롤은 곧 탄핵의 상징이 되었다. 개념 없는 종북 좌
파들은 일부러 헤어 롤을 말아 올리고 거리를 활보했다.

입 속의 검은 '잎'

자유 우파의 탄핵 반대 집회는 촛불 집회보다 훨씬 오랜 기간 진행되었고 연인원도 많았다. 그렇지만 모든 언론은 약속이라도 한 듯이 이를 외면했다. 2016년 겨울에서 2017년 봄 사이에 나는 〈TV조선〉 저녁 간판 시사 프로그램을 진행했다. 매일 같이 광화문을 통과해 출근하며 촛불과 태극기 집회를 목도했다. 촛불 집회보다 태극기 집회에 더 많은 인파가 모인 것이 분명했음에도 불구하고 종편이나 지상파 영상 어디에도 그런 내용은 없었다.

촛불 시위에 참가한 사람들이 태극기 집회에 참가한 사람들보다 압도적으로 많은, 편집된 영상만 방영되었다. 일부러 태극기 집회의 무질서한 장면을 골라 클로즈업해 촛불 시위와 대조하는 영상을 내보냈다.

언론은 박근혜의 탄핵을 기정사실로 보도했다. 마치 탄핵의 완성을 위해 언론이 해야 할 일을 한다는 듯이. 국회 탄핵 표결에 찬성표를 던진 새누리당 국회의원 60여 명의 부역자들과 동시에 지상파와 종편 언론들의 부역자 노릇 또한 반드시 짚어져야 한다.

하늘과 땅을 잇는 긴 싸움,
광화문 대혁명

　　　　　　　　　　　문재인 종북 주사파 정권 5년의 폭
정이 시작된 후에도 자유 우파의 태극기 집회는 계속 이어졌다.
탄핵을 인정할 수 없었던 국민들이 '탄핵 반대' 투쟁을 '탄핵 무효'
투쟁으로 바꿔 계속해서 태극기를 들고 광장으로 모여들었다. 반
면 정권을 탈취한 촛불 세력은 자취를 감췄다. 굳이 길거리로 나
설 필요가 없다고 판단했기 때문이다. 그때부터 촛불에 점령당했
던 광화문은 태극기가 휘날리는 자유 우파의 광장이 되었다.

　탄핵 무효 집회는 2019년에 이르러 마침내 '광화문 국민 혁명'
으로 확장되었다. 계기가 된 것은 조국 사건[12] 때문이었다. 법무
부 장관 청문회에서 파렴치하고 위선적인 그의 이중생활이 만천
하에 까발려졌다. 그럼에도 문재인은 대통령 권한이라며 파렴치
하고 위선적인 조국의 장관 임명을 강행했다. 다시 한번 대한민
국은 들끓었다. 일반 국민들의 분노까지 더해졌다. 그 분노가 태
극기 집회와 결합되면서 수십만·수백만 명의 인파가 집결해 광

12　2023년 2월 3일, 3년 넘게 이어진 재판 끝에 1심에서 징역 2년의 실형을 선고
　　받았다. 조국은 자녀 입시 비리(업무방해, 허위공문서 작성·행사 등), 자녀 장학금 부정 수
　　수(뇌물수수)와 감찰 무마 등 12개 혐의로 기소되었다.

화문 국민 혁명으로 대폭발했다.

나는 주말마다 광화문 국민 혁명을 취재했다. 거른 적이 없었다. 그때의 열기와 함성은 지금도 이명처럼 내 귓가를 맴돌곤 한다. 광화문에 집결했던 시민들의 절규는 용광로처럼 들끓었다.

조국 사퇴, 문재인 퇴진!
조국 사퇴, 문재인 퇴진!

광화문 국민 혁명 세력은 문재인 종북 주사파 정권을 향한 전면적인 투쟁과 함께 무너진 대한민국을 바로 세우기 위한 대중적 국민 혁명으로 진화했다. 분열했던 자유 우파들이 광화문 투쟁 열기 속에서 다시 손을 잡았다. 당시 자유한국당 대표 황교안과 원내대표 나경원은 교회를 대표한 전광훈 세력과 '고교 연합'을 비롯한 수십여 개의 자유 우파 시민 단체들, 그리고 조원진이 이끌던 우리공화당 등과 연대해 투쟁을 이어 갔다.

나는 이 시점을 매우 중요하게 생각한다. 문재인 종북 주사파 정권 손아귀로부터 5년 만에 자유 대한민국의 권력을 다시 탈환할 수 있게 된 직접적 출발점을 광화문 국민 혁명으로 생각하기 때문이다. 그 연장선상에서 2020년 4·15 총선이 준비되었다. 광화문 국민 혁명 열기 속에서 4·15 총선을 준비했던 터라 압승이 예상되었다. 당연히 압승할 수 있었던 총선이었다.

'통합'과 '응징'의
온도 차

　　　　　　　　　희망과 절망. 이 두 단어의 차이는
대체 무엇일까. 인식의 다름인가 아니면 현실 상황인가.

　2020년 4·15 총선에서 자유 우파가 압승할 거라 예상했고 분
명 압승할 수 있었다. 2017년 박근혜 대통령이 종북 좌파들의 거
짓 선전 선동으로 탄핵되어 억울하게 감옥에 들어간 상황에서 치
른 선거인데다 3년 가까이 문재인 일당들이 통치하며 대한민국
체제가 위협받는 상황에서 치러진 선거였기 때문이다. 선거는 거
짓 선전 선동으로 박근혜를 감옥에 보낸 종북 좌파와 그들에게
부화뇌동해 부역했던 배신자들을 응징하는 선거 전략이면 되었
다. 전략을 그렇게 세우고 공천도 그 전략에 맞게 하면 되는 일이
었다. 그런데 아니었다. 전략도 공천도 엉뚱하게 했다. 공천이 온
통 배신자들에게 돌아갔다. 유승민 측근들에게 말이다.

　박근혜를 탄핵해야 한다고 가장 먼저 길거리로 나섰던 인물은
안철수였다. 문재인보다 먼저 안철수가 탄핵을 주장하며 길거리
로 뛰쳐나왔고 탄핵 서명도 제일 먼저 받았다. 그런 안철수에게

대거 공천권을 줘 버린 것이다. 당대표 황교안의 결정이었다. '통합'이라는 미명 하에 국민적 여망과는 전혀 다른 방향으로 공천이 이루어졌다.

국민들은 2017년 박근혜의 억울한 탄핵을 바로잡아야 한다고 주장했는데 황교안은 국민 통합을 해야 한다는 전략을 세웠다. 국민들은 탄핵파를 응징해야 한다고 했는데 황교안은 그 탄핵파들에게 면죄부를 주듯이 공천했다. 여기에 더해 황교안은 탄핵 국면에서 가장 먼저 도망친 김형오와 대표적 탄핵파 김세연에게 공천을 맡겨 버렸다.

김형오는 정치권에서 한 발짝 떨어져 있던 원로 중 한 명으로 탄핵파에 가장 가까운 인물이었다. 국회의장까지 했으면서 탄핵 국면에 탈당해 제일 먼저 도망갔던 인물이기도 하다. 황교안은 그런 자에게 공관위원장을 맡겨 버렸다. 김형오는 자기 밑에서 비서 했던 자, 구의원 했던 자에게 공천을 했다. 공천이 사천으로 전락하는 순간이었다.

2020년 4·15 총선을 앞둔 미래통합당·미래한국당 공천은 민심을 반영하지 못한 채 전략도 없는, 말 그대로 사천으로 전락해 버렸다. 그 결과 미래통합당·미래한국당 지지자들은 뿔뿔이 흩어지고 말았다. 공천만 제대로 했으면 무조건 155석 이상은 차지했을 선거에서 대참패를 했다. 공천의 실패였다. 희망을 품었다가 절망의 나락으로 떨어지는 순간이었다. 도저히 질 수 없는 선거에서 좌파에게 180석에 가까운 의석을 헌납했기 때문이다.

자유 우파는 또다시 심각하게 분열했다. 당을 지켰던 사수파와 박근혜 대통령을 탄핵하고 당과 자유 우파를 공격했던 탄핵파가 갈라섰으며, 우리공화당·자유민주당·기독자유당 등으로 사분오열했다.

자유 우파 진영은 2019년 국민 혁명 이전, 2020년 4·15 총선 이전보다 훨씬 심각한 상처를 입었다. 국민들은 문재인 종북 주사파 정권을 척결하기 위한 강력한 자유 우파 정치를 기대했는데 미래통합당과 미래한국당은 혁신도, 통합도 하지 못하는 무능력을 그대로 노출했다.

심각한 후폭풍이 불어닥쳤다. 4·15 총선에서 승리한 종북 좌파들은 압도적 의석을 앞세워 검수완박(검찰수사권 완전 박탈)을 밀어붙였다. 온갖 불법과 편법을 통한 악법을 만들고 대한민국체제를 흔들었다. 그때 만들어진 악법들은 정권이 교체된 지금도 버젓이 살아남아 있다. 다가오는 2024년 총선에서 자유 우파가 입법부의 다수가 되지 못한다면 이 악법들은 계속 대한민국을 위에서부터 짓누를 것이고, 윤석열 정부의 정상적인 국정 운영은 불가능해질 것이다.

4·15 총선 패배는 박근혜 대통령 탄핵 못지않게 큰 충격이었

고성국의 공산당선언

다. 자유 우파는 괴멸적인 타격을 입었다. 2022년 3월, 천신만고 끝에 박근혜 대통령 탄핵으로 탈취당했던 대통령 권력을 되찾는 정권 탈환은 했지만, 윤석열 정부는 여전히 반쪽짜리 정부에 지나지 않는다. 반드시 2024년 총선을 승리하여 입법부 권력을 탈환해야 온전한 정권 교체가 완성될 것이다.

이것이 내가 이 책《고성국의 공☆산당선언》을 쓴 이유다.

실패하고 상처를 입고 나서야 비로소 무언가를 깨닫는 게 우리네 삶이다. 경험하지 않고도 삶의 진리를 체득할 수 있다면야 얼마나 좋겠는가. 거기까지는 바라지도 않는다. 그러나 이제는 느끼고 깨닫고 배워야 한다.

생각을 결정하는
언어

2020년 4·15 총선 당시 김형오와 김세연을 공천관리위원장과 위원으로 임명하고 그들에게 공천권을 양도했던 사람은 당대표 황교안이었다. 황교안은 왜 그런 어리석은 선택을 하여 총선 패배를 자초했을까? 세 가지로 볼 수 있다.

첫째, 황교안에게 총선은 궁극적 목표가 아니었다.

그에게는 눈앞의 총선보다는 2년 후에 있을 대통령 선거 승리가 지상 목표였다. 대통령 선거에서 대권을 잡기 위해선 자유 우파만 뭉쳐서는 불가능하다고 판단한 황교안은 총선을 통해 자신의 지지 기반을 중도파까지 확장시켜야 한다고 생각했다. 황교안만 그런 생각을 했던 것은 아니었다. 대통령 후보라면 누구나 그런 생각을 했을 것이다. 현실적으로 자유 우파들만 모여서 대통령을 뽑는 선거를 하는 것은 아니지 않는가.

그렇지만 고민이 같다고 풀어 가는 과정이 같은 것은 결코 아니다. 박근혜 역시 중도표를 적극적으로 공략해 유일한 과반 득표인 52퍼센트에 가까운 지지를 받아 당선됐다. 역대 가장 많은 중도표를 가져왔다. 그러나 박근혜는 중도표를 가져오기 위해 무작정 중도로 뛰어가지는 않았다. 먼저 자유 우파를 공고히 다지는 작업을 했다. 수십 년 동안 자유 우파를 단단하게 다져 놓은 그 위에다 '대선을 이기기 위해서 중도표를 공략하러 가야 하니까 나를 믿어 달라'는 호소를 했다. 중도층을 향해 가는 박근혜를 보면서도 박근혜 지지층은 거의 이탈하지 않았다.

반면 황교안은 정치를 시작한 지 얼마 되지 않아 박근혜만큼 공고한 자유 우파의 콘크리트 지지층이 없었다. 그 상태에서 무턱대고 중도를 향해 나아가다 보니 기존 콘크리트층의 이탈자가 생겼다. 중도를 향해 가면서 배신자 유승민과 안철수에게 공천권을 줘 버린 탓에 문재인 종북 주사파 정권과 투쟁했던 정치인들은 자연스레 배제될 수밖에 없었다. 아예 경선조차 하지 않았다. 경선을 했다면 문재인 종북 주사파 정권과 싸웠던 정치인들은 무임승차한 유승민·안철수 측근들을 이겼을 것이다. 아마도 그래서였을 것이다. 유승민·안철수 측근들이 문재인 종북 주사파 정권과 싸웠던 정치인과 경선하면 질 게 뻔했기 때문에 이들은 아예 컷오프를 했던 것이다. 그 결과 수도권에서 선거를 준비해 왔던 자유 우파 원외 당협위원장들이 경선 기회도 얻지 못한 채 컷오프 돼 버렸다.

오랜 기간 지역에서 당협위원장으로서 정치를 해 왔던 사람들은 자기 지역에 유승민과 안철수 측근들이 낙하산 타고 무임승차해 들어와 점령군 노릇을 하는 것을 어떻게 받아들였을까. 과연 도울 마음이 생겼을까. 오랜 기간 지역에서 다져 놓은 조직이 그 무임승차 낙하산들을 위해 움직일 수 있었겠는가.

내키지는 않아도 종북 좌파들에게 질 수 없다며 공천 받고 들어 온 무임승차 자들을 도와주려고 했던 사람들도 있었다. 그러자 이번에는 공천 받은 자들이 거부하고 나섰다. 자유 우파에게 '니들이 옆에 있으면 표 떨어진다'며 박근혜 지지자들을 가까이 오지도 못하게 했다. 중도표가 날아간다는 거였다.

자유 우파 지지층을 끌어모을 능력도 없으면서 탄핵 반대파들을 배제하며 실체도 없는 '중도' 타령을 하는 바람에 힘 한번 제대로 써보지 못하고 종북 좌파들에게 수도권을 내주고 말았다. 황교안의 뼈아픈 실수였다. 오직 대통령이 되겠다는 일념으로 황교안은 그런 공천을 했던 것이다. 그 바람에 자유 우파는 하나로 뭉치지 못했고 힘 한번 써보지 못하고 무너졌다.

둘째, 정치를 잘 몰랐다.

공안 검사 출신으로 외관상 근엄해 보일지는 모르지만 정치 신인 황교안은 시쳇말로 '허당'이었다. 공천권이 무엇인지조차 제대로 알지 못했다. 황교안은 자기 말을 잘 들을 거라 믿어 의심치 않고 한선교를 비례정당 대표에 앉혔다. 하지만 한선교는 비례정당 당대표가 된 직후부터 '마이 웨이'를 선언했다. 한선교는 공병호와 손잡고 자기 측근들 위주로 비례대표 공천권을 행사했다. 발표된 명단을 보고 '이건 아니다' 싶었던 황교안은 그때서야 한선교를 물러나게 하고 긴급히 원유철을 투입해 재공천을 했다. 정당 사상 처음 있는 황당한 일이었다. 이미 발표한 국회의원 비례대표 후보를 전면 백지화하고 처음부터 다시 공천한 것은 있을 수 없는 일이었다. 그럼에도 불구하고 종북 좌파들을 심판하고 응징해야 한다는 국민 여론이 워낙 고조

돼 있던 터라 공천 파행에도 미래한국당은 19석이나 당선되었다. 국민들이 자유 우파 정당에 그만큼 투표를 많이 했던 것이다. 그 정도로 4·15 총선 민심은 뜨거웠지만 그 민심을 반영하지 못한 공천을 하는 바람에 자유 우파는 대역전패를 당하고 말았다.

공관위원장에 김형오를 앉힐 때도 마찬가지였다. 김형오가 위원장이 되기 전까지는 황교안에게 충성 맹세까지는 아니더라도 입 속의 혀처럼 했을 것은 불 보듯 뻔하다. 공관위원장에 임명된 그날부터 김형오가 달라질 것을 황교안은 예상하지 못했을 것이다. 황교안은 "어, 어떻게 이럴 수 있는 건가" 하는 사이 당하고 말았다. 사실 잘못된 공천을 바로잡을 마지막 카드가 황교안에게는 남아 있었다. 완충 장치인 배심원단을 움직여 잘못된 공천을 걸러내면 되는 일이었다. 그런데 김형오는 이번에도 보기 좋게 황교안의 발목을 잡았다. 배심원단만은 가동시키지 말아 줄 것을 읍소했던 것이다. 배심원단은 끝내 가동되지 않았다. 이렇게 되자 막판에 가서는 황교안이 직접 잘못된 공천을 다시 할 수밖에 없었다. 그 과정에서 인천의 민경욱이 공천을 받았다가 반납하기를 반복했다. 그때마다 황교안은 당대표로서 정치적 타격을 고스란히 떠안을 수밖에 없었다.

셋째, 사람을 몰라도 너무 몰랐다.

황교안은 김형오가 어떤 사람이고 김세연이 어떤 사람인지 또 유승민과 안철수는 어떤 사람인지를 전혀 몰랐다. 그냥 사람만 좋았다. 김형오처럼 정치판에 40~50년 몸담은 노회한 정치인이 황교안 같은 정치 신인을 요리하는 일은 아무것도 아니었다.

2023년 1월 4일, 황교안은 4·15 당시의 공천 실패에 대해 유튜브 〈고성국TV〉에 출연해 다음과 같이 대국민 사과를 했다.

… 정말 속죄하는 마음으로 이 자리에서 고백을 합니다.

당원 동지 여러분, 정말 죄송합니다. 지난(2020년) 총선에서 분열 세력과의 통합은 저의 실책이고 큰 잘못입니다. 천추의 한이 됩니다. 저를 더욱 혼을 내주십시오. 여러분 곁으로 바짝 다가가서 치열하게 교감하고 소통하겠습니다. …

한치 앞도 내다볼 수 없는 게 정치 세계라 하지만 참담한 실패를 딛고 다시 일어나 새롭게 도전하는 일은 정치판에서도 쉽지 않은 일이다. 황교안이 〈고성국TV〉에 출연해 자유 우파를 향해 대국민 사과를 했던 내용이 처절한 성찰과 각성에서 비롯한 진심이기를 바랄 뿐이다.

나쁜 기억 지우개를 든
정치인들의 등장

2022년 3월, 문재인 종북 주사파 정권으로부터 자유 우파가 정권 탈환에 성공할 수 있었던 것은 혜성처럼 나타난 윤석열이 있었기에 가능했다. 그가 나타나지 않았다면 자유 우파는 대통령 선거에서 정권을 탈환하지 못했을 것이다. 대통령 선거에서는 후보 경쟁력이 결정적이다.

그가 나타나기 전에 '국민의힘' 대권 주자들의 면면을 들여다보면 막막함 그 자체였다. 대권 주자들의 지지율을 전부 합쳐도 10퍼센트가 안 되었다. 그런 상황에서 새로운 정치 지도자 윤석열의 출현은 꽉 막혔던 자유 우파의 숨통을 트이게 만들었다. 단숨에 좌파들을 누르고 대권 주자 지지율 1위를 기록했다. 그리고 마침내 승리했다.

다음으로 내가 주목하는 정치 지도자는 광화문 국민 혁명의 실질적인 지도자 전광훈이다. 찬반양론이 팽팽할 만큼 그는 매우 논쟁적인 사람이다. 자세한 이야기는 다음 4장에서 좀 더 세세히 다뤄보겠다. 어쨌든 나는 자유 우파가 문재인 종북 주사파 정권을 5년 만에 끝장낼 수 있었던 핵심적인 두 사람으로 주저 없이 윤석열과 전광훈을 꼽는다. 물론 새로운 미디어 정치의 장을 연 '정치 유튜브'의 역할도 빼놓을 수 없다.

10여 년 전, 나는 정치가 미디어 정치로 바뀐 시점부터 "미디어를 장악하지 않으면 권력을 장악하기 어렵다"는 말을 해 왔다. 그런데 지상파와 종편·신문·라디오 모두를 종북 좌파들이 장악해 버렸다. 그런 상황에서 자유 우파가 5년 만에 정권을 탈환할 수 있었던 것은 종북 좌파들이 장악한 좌편향 미디어에 맞서 투쟁한 자유 우파 유튜브들의 역할이 결정적이었다.

종북 좌파들은 자유 우파 유튜브에 족쇄를 채우고 입을 막기 위해 할 수 있는 온갖 일을 벌였다. 시도 때도 없이 자유 우파 유튜브 채널을 폭파해 버리는가 하면 4년 넘게 광고 탄압을 자행하고 있다. 거기에서 그치지 않았다. 끊임없이 '가짜 뉴스를 유포하는 진원지'로 지목하고 사법 처리를 하겠다며 협박을 일삼았고, '극우 유튜브'라는 꼬리표를 붙여 영향력을 소수의 활동가들에게 국한시키려 했다. 엎친 데 덮친 격으로 4·15 총선 대참패 직후에는 자유 우파 정당인 미래통합당으로부터 선거 패배의 주범으로 지목되기도 했다.

극우 유튜브들과 태극기 세력이
선거 패배의 원인이다.

별의별 모욕과 음해를 받아도 자유 우파 정치 유튜브들은 문재인 종북 주사파 정권과의 투쟁을 잠시도 멈추지 않았다. 종북 좌파들의 중단 없는 탄압에도 불구하고 '국민의힘'의 대선 승리와 지방 선거 승리를 위한 노력을 게을리하지 않았다.

문재인 종북 주사파 정권 5년의 폭정을 견딘 힘은 투쟁이었다. 그 투쟁은 박근혜 대통령이 탄핵될 때부터 시작된 '탄핵 반대' 태극기 집회와 '탄핵 무효' 태극기 집회를 거쳐서 2019년 국민 혁명으로 확장 발전되었다. 그 과정에서 새로운 정치 지도자 윤석열, 전광훈 같은 인물들을 배출했다.

또 종북 좌파들이 독점한 주류 미디어에 저항해 자유 우파 정치 유튜브들의 목숨을 담보로 한 투쟁과 활동도 계속되었다. 자유 우파 대중 투쟁의 핵심 커뮤니케이션 채널로 작동해 자유 우파 국민을 하나로 모이게 만드는 수단으로 작용했다. 그것이 윤석열 정부를 출범시킨 힘이었다.

종북 좌파와의 투쟁은 아직 끝나지 않았다. 중앙정부와 지방정부를 탈환했다고 해서 입법부 권력이 자동으로 자유 우파에게 돌아온 것은 아니다. 2024년 총선을 반드시 승리해 종북 좌파가 장악한 입법부 권력까지 탈환해야 한다. 더 나아가 2027년 대통령 선거를 승리로 이끌어 정권 재창출을 해야 한다. 그래야 역사의 흐름을 정방향으로 강고하게 구축할 수 있다. 그날까지 자유 우파와 자유 우파 정치 유튜브는 종북 좌파와의 투쟁을 멈추지 않을 것이다.

투쟁만이 종북 좌파와 싸워 대한민국을 바로 세우고 자유 우파의 핵심 가치를 국가 경영 과정에 관철시킬 수 있는 유일한 힘이다.

고성국의 공산당선언

고성국의 공産산당선언 원칙

한국의 종북 좌파는 어떤 점에서 진보나 좌파와 구별되는가?

유럽의 사민당社民黨[13]은 1940년대에 태동했다. 1960년대에 이르러 유럽 좌파의 주류가 되었는데 이는 치열한 노선 투쟁의 결과였다. 그전까지는 레닌과 스탈린의 폭력 혁명 노선에 의해 끊임없는 폭력 혁명과 체제 전복을 시도했다. 그런데 모두 실패했다. 수천 번의 실패 끝에 '왜 우리는 계속 실패했는가. 성공하려면 어떻게 해야 하나'를 깊이 성찰하며 치열한 이념 투쟁과 노선 투쟁을 했다. 그 결과 '진지전 이론'과 '사민주의 노선'이 승리했다. 마르크스·레닌·스탈린 주의를 폐기하고 체제 내에 들어가 제도화한 경쟁으로 자기들이 원하는 사회를 만들어 간다. 말하자면 사민당은 폭력과 혁명을 포기한 좌파 정당이다. 이들은 집권을 해도 사회가 전복될 위험이 없다.

반면 한국 좌파 내에서는 그런 노선 투쟁이 벌어진 적이 없다. 김일성이 워낙 강력했기 때문에 어떤 누구도 감히 김일성 종북 주사파 노선에 대한 이의 제기를 할 수 없었다. 종북 좌파들은 폭력 혁명으로 대한민국체제를 전복시키겠다는 목적을 지금도 포기하지 않고 있다. 지금 우리는 유럽의 좌파와 전혀 다른 가장 수구적인 꼴통 주사파를 상대하고 있는 것이다.

13　사회 민주주의 또는 민주 사회주의를 강령으로 내건 정당. 폭력 혁명과 프롤레타리아 독재를 반대하고 의회 민주주의에 입각하여 사회주의를 실현하려고 하는, 각국의 사회주의 정당을 이른다.

광화문
국민 대혁명을 만든
다섯 가지 원칙

"할 수 있다면 이 손가락을 잘라 버리고 싶어. 내가 왜 그랬나 몰라."
"나, 얼마 전까지만 해도 문재인이랑 조국을 지지했어.
근데 이건 정말 아니다 싶어."

종말을 고하지
못한 역사

1980년대엔 민주화 열풍이 전 세계적으로 거세게 몰아쳤다. 집회 참가 연인원이 대략 200만~300만 명에 달할 만큼 민주화 열풍은 뜨거웠다. 그러다가 1980~1990년대를 거치면서 대부분의 나라들이 형식적 민주주의로 이행했다. 1990년대 초, 소련과 동구 위성 사회주의 국가들이 모두 몰락하고 붕괴함으로써 체제전쟁은 전 세계적으로 종말을 고했다. 이를 두고 프랜시스 후쿠야마(미국 스탠퍼드대학) 교수는 그의 저서 《역사의 종말The end of history and the last man》에서 다음과 같이 주장했다.

역사 발전은 더 이상 새로 나아갈 필요가 없어졌다.
궁극적으로 승리한 자유 우파는 그야말로
자유 민주주의체제의 발전을 누리기만 하면 된다.

그의 주장처럼 전 세계적으로 이데올로기의 대립은 자유 우파의 승리로 끝난 듯한 분위기가 팽배해 있었다. 대규모 집회나 시위를 계획하는 세력을 거의 찾아볼 수가 없었다. 그런데 대한민국에서만 유일하게 대규모 집회와 시위가 계속되었다. 드문 현상이었다. 전 세계의 많은 정치학자와 사회학자들이 대한민국의 기이한 현상에 관심을 갖고 관찰하며 들여다보기 시작했다.

대낮과도 같은 21세기에,

한국은 도대체 왜 계속해서

대규모 집회와 시위를 하는 것인가?

그들이 일차적으로 큰 관심을 가졌던 대규모 집회와 시위는 아마도 2016년 가을 무렵에서 2017년 봄까지 진행됐던 박근혜 대통령 탄핵을 겨냥한 촛불 집회였을 터였다. 그리고 그에 대응하는 탄핵 반대 태극기 집회였을 것이다.

걸음, 걸음이 모여

문재인과 종북 주사파 세력들은 입만 열면 자랑이라도 하듯 자신들의 촛불 집회와 시위에 연인원 1700만 명이 참가했다고 떠들어댔다. 그 내용을 면밀히 들여다보면 이 숫자는 박근혜 대통령을 탄핵하기 위해 수백, 수천 번의 집회를 하며 수십 명에서 수백 명 단위로 분산해 촛불을 들었던 집회 참석자까지 모두 합쳐 추산했던 것이다. 말하자면 수백, 수천 번 가졌던 촛불 집회에 동원된 종북 좌파들의 집회 참가 숫자가 1700만 명이라는 얘기다. 그런 식의 계산법이라면 자유 우파의 태극기 집회에 참가한 연인원은 3500만 명을 상회하는 걸로 추정된다.

나는 이 부분에서 종북 좌파들에게 묻지 않을 수 없다.

"연인원 숫자 말고 한 번의 집회,

하루에 100만 명 이상 모였던 집회가

종북 좌파들에게 단 한 번이라도 있었나?"

100만 명. 이 정도의 인파는 인도 힌두교의 종교적 축제 또는 중동 이슬람 국가들의 성지 순례 행사를 제외하고는 현실적으로 경험하기가 쉽지 않다. 인도 갠지스강을 중심으로 이어지는 성지 순례와 축제에 참석한 수백만 명의 인파나 메카Mecca 사원을 찾은 이슬람 성지 순례자들을 비추는 방송 화면이 아니고선 불가능한 인파 숫자다.

그렇지만 자유 우파는 대한민국 수도 서울에서 정치적 이유로 하루에 100만 명 이상이 모여 같은 목적의 일을 도모했다. 일회성도 아니었다. 그런 전무후무한 역사적 현장의 기록을 써나갔던 대규모 대중 집회는 2019년 10월 3일·9일·24일에 열렸다. 어떻게 이런 역사적 대사건이 가능했을까. 그 현장을 하나도 놓치지 않았던 내 경험에 비춰 보면 원인은 다섯 가지로 요약된다.

첫째, 대중적 공감대를 이끌다.

문재인 종북 좌파의 폭정에 견디지 못한 대한민국 평범한 국민들이 분연히 궐기하여 광화문 국민 혁명에 동참했다. 광화문 국민 혁명 현장에는 이미 2016년 가을부터 태극기를 들고 주말마다 광장을 찾은 태극기 세력들이 함께했다. 동시에 뜻밖에도 2017년 문재인에게 투표했거나 조국을 지지했던 사람들도 많았다. 그들은 이구동성으로 말했다.

"할 수 있다면 이 손가락을 잘라 버리고 싶어.
내가 왜 그랬나 몰라."

"나, 얼마 전까지만 해도 문재인이랑 조국을 지지했어.
근데 이건 정말 아니다 싶어."

자유 우파만의 정치 집회가 아니었다. 광화문 국민 혁명은 우리가 감히 '국민 혁명'이라고 이름 붙일 만큼 실질적으로 대한민국 국민 대다수가 참가했다. 그들이 외친 구호 역시 자유 우파만의 정치적 구호가 아니었다.

"조국 구속, 문재인 퇴진!"

대한민국 국민이면 누구나 공감할 대중적 구호였다.

둘째, 필연적인 정치 지도자의 등장.

자유 우파에서도 대규모 집회를 기획·조직·집행하는 정치 지도자가 등장했다. 그가 바로 전광훈이다. 종북 좌파들만큼 세련된 면은 없더라도 자유 우파 내에서 그런 대규모 집회를 기획·조직하여 이끌 수 있는 사람은 전광훈이 유일했다. 미래통합당과 미래한국당이 독자적인 집회를 몇 번 개최했지만 이는 광화문 국민 혁명 속의 한 부분이었을 뿐이다.

광화문 국민 혁명 전체를 주도했던 집회 지도부는 전광훈이었다. 그는 수십 번의 시행착오 끝에 대중 집회를 이끌어 갈 노하우를 체득했을 것이다. 그 과정에서 손상대와 같은 걸출한 대중 선동가도 배출되었다.

전광훈은 광화문 국민 혁명 광장에서 수십 차례 대중 연설을 했다. 그의 연설은 영어로 동시통역되어 〈너 알아TV〉와 많은 유튜브 채널을 통해 전 세계로 송출되었다. 1000만 명으로 통칭되는 해외 자유 우파 국민들의 공감을 얻기에 충분했다.

원래 종교와 정치는 물과 기름처럼 도저히 하나로 섞일 수가 없다. 그럼에도 불구하고 정치적 성격이 뚜렷한 대중 집회에 예배 시간이 들어가고, 그 대중들 속에서 자발적 헌금이 이루어졌다. 엄격하게 경계 지워지는 정치와 종교가 광화문 국민 혁명 과정에서 통합되었다. 이것이 갖게 되는 정치사적·종교사적 의미가 적지 않다. 향후 심각하고 밀도 있게 검토해야 될 연구 과제다.

종교의 정치화는 종북 좌파들의 상투적 전술이었다. 천주교 '정의구현사제단'과 그 영향력 하에 있는 사제들은 천주교 사제의 10퍼센트 안팎에 불과하다. 그들이 천주교의 정치 운동과 좌편향을 주도했다. 기독교KNCC(한국 기독교 교회 협의회) 목회자들 중 10퍼센트도 안 되는 좌편향 목회자들이 '인권'과 '정의'를 내세우며 좌편향 기독교 운동을 이끌어 왔던 것도 숨길 수 없는 우리의 현실이다. 불교 또한 마찬가지다. 불교계 중 극히 일부가 '화쟁위원회' 같은 기구를 내세워 좌편향 불교 운동을 해 왔을 뿐이다.

자유 우파 진영은 그런 상황에서도 여전히 종교와 정치는 분리되어야 한다고 여겼다. 정교 분리 원칙이 대한민국 헌법 정신인 이상. 그런데 문재인 종북 주사파 정권의 폭정에 맞서 투쟁하는 과정에서 자유 우파의 고정 관념을 부수는 이들이 나타났다.

"종교와 정치를 분리하는 게
종북 좌파와의 투쟁에 무슨 소용 있는 거지?
나는 불교도지만 전광훈 목사가 주도하는 집회에 나갈 거야.
까짓 함께 아멘 하자고.
그게 종북 좌파 정권 타도하는 길이라면
할렐루야라고 못하겠어?"

광화문 국민 혁명의 위대함이 아닐 수 없다. 문재인 종북 주사파 정권 타도에 종교와 정치가 한목소리를 냈던 것이다. 여기에 '유튜브'라는 새로운 정치 커뮤니케이션이 집회의 시작과 끝을 함께했다. 나 역시 〈고성국TV〉의 스태프들과 함께 취재하며 현장 활동에 참여했다. 자유 우파의 많은 유튜브 채널들도 광화문 국민 혁명 현장을 찾아 역량이 닿는 데까지 자유 우파의 목소리를 국민들에게 전달했다.

광화문 국민 혁명 현장에 모인 인원은 100만 명 전후였지만 여러 유튜브의 생방송을 시청하며 그 생생함을 공감하고 함께 행동한 자유 우파 국민들은 수천만 명이 넘는다. 그들은 어떤 재미있는 드라마보다도 주말의 광화문 국민 혁명 현장의 유튜브 방송을 기다렸다.

광화문 국민 혁명 현장은 100만 명이 넘는 인파들로 정상적인 대화가 불가능했다. 확성기에서 울려 퍼지는 연설자들의 목소리가 뒤엉켰으며, 단체 별로 별도의 텐트를 치고 각각의 행동을 하며 쏟아내는 소리들로 난무했다. 그럼에도 불구하고 사건 사고가 하나도 발생하지 않았다. 작은 불상사조차도 일어나지 않았다. 모두가 눈빛만 마주쳐도 공감대를 형성하며 서로를 배려했다. 성숙한 정치의식과 사회의식을 보여 준 감동의 국민 혁명 현장이었다.

나는 이 부분에 특별한 역사적 의미를 부여하고자 한다.

셋째, 자유 우파 국민 최초의 정치적 대중 행동이었다.

사실 그동안 자유 우파 국민들은 전쟁과 같은 국난이 닥치면 온몸을 던져 나라를 지키고자 헌신했지만, 대체로 일상에서 벌어지는 정치 상황에는 소극적이었다. 방관자 혹은 구경꾼 이상을 넘지 못했다. 조직적으로 움직여 행동한 쪽은 언제나 종북 좌파들이었다.

전교조를 비롯한 민노총·참여연대·민변·환경연합 등 어느 하나가 시그널만 주면 600여개 넘는 종북 좌파 시민 단체들은 불과 하룻밤 사이에 '박근혜 탄핵 국민행동본부' 같은 단체를 결성해 촛불 집회를 주도했다. 수십·수백 명의 직업적 시위꾼들이 역할 분담으로 촛불 문화제 같은 것을 만들곤 했다. 자유 우파는 그것을 보며 종북 좌파들이 진짜 대단한 줄 알았다. 종북 좌파들의 조직적 정치 행동을 도저히 따라가지 못할 거라 지레 포기하곤 했다. 그러던 것이 상황이 역전됐다. 광화문 국민 혁명이 이것을 완전히 바꿔 버렸다. 자유 우파 국민들을 정치적 행동 주체로 만들었던 것이다.

넷째, 국민들의 간절함과 성숙함이 돋보였다.

2019년 10월 광화문, 연일 수백만 명의 자유 우파 국민들이 모여드는 혼란스러운 외형 속에서도 사고가 한 건도 없었다. 모든 집회가 착오 없이 진행되었다. 한마디로 종북 좌파들이 수십 년간 구축해 온 진지 속에서 훈련되고 양성된 전문 시위꾼들을 상대로 자유 우파의 정치적 역량을 압도적으로 과시했던 것이다. 광화문 국민 혁명이 전개되는 동안 종북 좌파들은 근처에 얼씬도 하지 못했다.

종북 좌파들이 '조국을 지킨다'며 검찰총장 윤석열을 공격하기 위한 서초동 집회를 했을 때 동원된 인원은 기껏해야 4만~5만 명 정도였다. 자유 우파의 전투적 활동가들은 그 현장 한복판에서 맞불 집회를 했다. 당당히 '조국 구속' 슬로건을 내걸었다. 종북 좌파들은 그런 식의 맞불 집회를 광화문 국민 혁명 기간 동안 단 한 번도 하지 못했다. 주눅 들고 꼬리 내리고 도망가기 급급했다. 그것이 종북 좌파들의 실제 모습이다. 자유 우파는 비로소 광화문 국민 혁명으로 "우리가 마음만 먹으면 종북 좌파들을 언제 어떤 형태로든 능히 제압할 수 있다"는 자신감을 갖게 됐다.

다섯 째, 종교학자들이나 사회 문화 전문가들이 앞으로 연구해야 될 주제다.

조심스레 말을 하자면 광화문 국민 혁명의 장은 2,000년이 넘는 역사를 자랑하는 기독교 세력과 150년의 역사를 갖고 있는 공산당 세력, 더 좁혀 말하면 70~80년 남짓한 종북 좌파 세력과의 전면전이었다. 그 싸움에서 기독교 세력은 공산당 세력과 종북 좌파 세력을 일방적으로 압도했다.

종북 좌파 세력과의 싸움이었기 때문에 자유 우파 국민들은 기독교 세력과 그렇지 않은 세력들 사이에서 갈등 없이 하나가 되어 자유 우파 진영을 구축했다. 종북 좌파들이 "집회에서 무슨 돈을 걷냐"며 전광훈을 음해하며 끈질기게 공격했지만 씨알도 먹히지 않았다. "종북 좌파 세력과 맞서 싸우는 일에 기독교면 어떻고 불교면 어떤가. 자유 우파 국민이면 됐지"하는 것이 광화문 혁명을 만들어 낸 국민들의 확고한 생각이었던 것이다.

떠안게 된 과제

　　　　　　　　역사적인 광화문 국민 혁명이 있
은 지 불과 6개월 후에 치러진 2020년 4·15 총선에서 자유 우파
는 대참패를 당했다. 4·15 총선의 패배 원인을 꼽자면 수십 가지
도 넘는다. 그렇지만 광화문 국민 혁명의 역사적 의미의 맥락에
서 보면 위대한 광화문 국민 혁명이 있었는데 어떻게 6개월 후에
치러진 총선에서 자유 우파가 대참패를 당했는지를 납득하기가
어렵다. 돌아보면 크게 두 가지 원인으로 요약된다.

　　첫째, 광화문 국민 혁명의 뜨거운 투쟁 열기를 정치적으로 수렴하
는 데 실패했다.
　　둘째, 광화문 국민 혁명은 자유 우파의 진지로 진화하지 못했다.

　2019년 10월의 저 뜨거웠던 광화문 국민 혁명의 열기가 2020
년 4·15 총선의 투표 행동으로 전환되지 못했던 것이다. 자유 우
파의 진지들이 제대로 구축돼 가동됐다면 광화문 국민 혁명의 뜨
거운 열기를 차곡차곡 쌓아 4·15 총선의 투표 행동으로 연결했

을 것이다.

따라서 자유 우파는 광화문 국민 혁명의 그 뜨거웠던 투쟁 열기를 수렴하여 다가오는 2024년 총선에서 조직적·효과적으로 분출시켜야 하는 전략적 과제를 떠안게 되었다.

고성국의 공산당선언 원칙

광화문 국민 혁명의 역사적 의미는 무엇인가?

자유 우파 최초의 대중 투쟁으로 민노총·민변·참여연대·환경연합 등
종북 좌파들의 진지를 압도하며, 그 역량을 과시했다. 또한 150년의 공산
당 세력과 70~80년 남짓한 종북 주사파 세력과의 투쟁에서 자유 우파와
기독교 세력이 완승을 거둔 전쟁이었다.

2
부

저항의 크레셴도

"자신이 제공하려는 것에 비해
세상이 너무나 어리석고 비열해 보일지라도
이에 좌절하지 않을 자신이 있는 사람,
그리고 그 어떤 상황에 대해서도
'그럼에도 불구하고!'라고 말할 확신을 가진 사람,
이런 사람만이 정치에 대한 '소명'을 가지고 있다."

_ 막스 베버, 《소명으로서의 정치Politik als Beruf》 중에서

동작 그만,
배신의 정치

"자격도 없는 정당에 표를 달라고 해서
죄송합니다."

간학문間學問[14]적
예측으로

　　　　　　인간이 세운 학문 모두는 인간을 연구한다. 침팬지 등의 동물 연구는 직접적 인간 연구는 아니지만 궁극적으로는 인간을 위한 연구다. 침팬지나 동물 자체에 연구 목적을 둔 것이 아니라 인간을 이해하기 위한 목적으로 하는 연구이기 때문이다.

　천체 물리학의 우주 연구도 마찬가지다. 인간의 시작을 알고자 하는 것은 인간의 끝을 알고자 하는 호기심에서 기인한다. 자연과학까지도 인간 연구로 귀착된다. 그러니 인간을 연구하는 인문학과 사회학은 더 말할 필요가 없다.

　인간을 연구하는 학문의 최종 목표는 무엇일까. 그것은 바로 예측에 있다. 경제학은 인간 간의 경제 관계를 연구하고, 정치학은 권력 관계를 연구하는 것으로 결국은 경제와 정치를 예측하기 위한 학문이다. 역사와 철학도 똑같다. 역사가 인간이 살아 온 발자취를 더듬으며 지혜를 얻기 위한 학문이라면, 철학은 인간이 어떻게 문제를 해결하며 살아 왔는지를 추적한다.

　나는 지난 40년간 정치 예측을 체계화하는 정치학을 대중적

14　학문 영역을 두루 아우르는 분야.

으로 풀어내는 정치 평론가로 살아왔다. 아마도 숨이 붙어 있는 한, 내 삶의 마지막 순간에도 정치 평론가로서 살지 않을까 생각한다.

출발은 정치학으로 시작했지만, 40년의 시간 동안 유기적으로 얽혀 있는 인간에 대한 간학문의 영역에서 정치 평론을 발전시키고자 했다. 나는 정치 평론가로 살면서 정치가 발전해야 세상이 발전한다는 믿음을 단 한 순간도 내려놓은 적이 없다. 예측 없는 학문은 학문이 아니다. 설령 틀릴 땐 틀리더라도 예측을 할 수 있어야 학문이라고 생각한다.

2019년 초, 문재인 치하의 엄혹한 시기에 나는 이런 예측을 했었다.

"2020년 4·15 총선은 우리 자유 우파가 155석을
차지해 승리할 것이다.
문재인 종북 주사파 정권의 폭정에 대한 국민적 정서가
이 정권을 심판할 테니."

그 말을 한 지 불과 몇 개월 지나지 않아 나는 예측을 수정했다. 155석을 160석으로 상향 조정했다. 이유는 2019년 10월의 뜨거웠던 광화문 국민 혁명을 보며 "이런 열기라면 155석이 아니라

160석까지도 가능하겠다"는 판단이 섰기 때문이다. 나의 예측은 보기 좋게 빗나갔다. 2019년 10월의 광화문 국민 혁명, 그 뜨겁고 드높았던 자유 우파의 투쟁 의지는 불과 6개월 후에 치러진 2020년 4월 15일 총선에서 온데간데없이 사라져 버렸다. 100석을 간신히 넘겼다. '개헌 저지선 100석을 간신히 지켰다'는 언론 보도가 아니어도 참담한 대참패였다.

뼈아픈 실수

왜 이렇게 된 것일까. 불과 6개월 전 광화문의 그 국민들이 4·15 총선에서 투표했을 텐데 말이다.

가장 큰 원인은 혁신도 통합도 하지 못한 미래통합당 지도부의 정치적 무능에 있었다. 4·15 총선 전부터 자유 우파 국민이면 누구나 미래통합당 지도부에 총선 승리의 절체절명의 선제 조건인 '혁신'과 '통합'을 요구했다.

'혁신'은 공천 혁명을 뜻한다. 더 구체적으로 얘기하면 2016년 박근혜 대통령 탄핵 과정에서 종북 좌파들에게 부역한 배신자들을 공천해서는 안 된다는 요구였다. 그들도 할 말은 있겠지만 종북 좌파들에게 부역하여 대통령 탄핵에 앞장서서 정권을 넘겨준 죄, 한번 종북 좌파에게 정권이 넘어가면 대한민국이 무너질 수 있다는 탄핵 이후의 상황을 예측하지 못했던 책임은 면할 수가 없다. 실제로 종북 좌파들은 권력을 잡자마자 자유 우파를 괴멸시키기 위해 권력의 칼을 마구잡이로 휘둘렀다. 한치 앞도 내다보지 못하고 박근혜 대통령의 통치 방식이 어쩌고저쩌고 하다가 종북 좌파들에게 부역한 집단적 배신자들에 대한 응징, 이것이 혁신 요구의 핵심이었다.

종북 좌파들에게 부역한 우두머리 김무성·유승민은 말할 것도 없고 그들을 막아내지 못한 박근혜 정권의 이른바 친박 핵심 실세들의 무능함에도 국민적인 질타가 있었다. 그런 자들은 더는 정치할 자격이 없다. 그래서 나는 탄핵파들과 친박 핵심들을 공천에서 배제할 것을 요구했다. 좀 더 젊고 신선하고, 용기 있고 능력 있는 자유 우파의 신예들을 대거 등용할 것을 요구했던 것이다. 그런데 4·15 총선의 공천이 어떠했나.

김무성과 유승민이 정치적 책임을 졌던가?
탄핵파들 중에 어떤 자가 정치적 책임을 지고
공천에서 탈락되었나?

아무도 없다. 모두가 공천을 받았다. 김무성은 스스로 불출마 선언을 했고, 유승민은 자신의 불출마 조건을 내세워 자기 계보

전원을 구제하는 데 성공했다. 그러면서 끝까지 대통령을 탄핵한 것은 잘못된 것이 아니라고 강변했다.

결과적으로 탄핵파로 불리는 정치적 야바위꾼들은 모두 살아남았다. 그러니 공천 혁명이라는 게 가능했겠는가. 사람 좋아 보이는 황교안을 온갖 감언이설로 속여 공천관리위원회를 독차지한 김형오·김세연·이석연 등이 공천을 전횡했다. 자기들과 가까웠던 옛 인연들을 하나하나 찾아내 전략 공천을 했다. 원칙도 없고 목표도 없이 자기들에게 잘 보이고 충성할 자들을 공천했던 것이다. 공천이 그렇게 엉망진창으로 진행되고 있는데도 당대표 황교안은 그것을 바로잡는 역할을 하지 못했다. 당헌 당규 상 규정되어 있는 마지막 안전장치인 '공천 배심원단'의 활용도 스스로 포기했다. 공천 혁명은커녕 공천 파동으로 4·15 총선은 시작도 하기 전에 얼룩져 버렸다.

'통합'도 비슷했다. 문재인 종북 좌파 세력에 맞서 처절하게 투쟁해 온 자유 우파 태극기 세력들 가운데 그 어떤 사람도 미래통합당의 공천을 받지 못했다. 철저히 배제되었다.

황교안은 '통합혁신위원회'를 내세워 청산해야 마땅한 김무성 세력과 유승민 세력 그리고 제3지대의 안철수 세력을 무혈입성시켰다.

종북 좌파 세력과 투쟁하는 와중이었기 때문에 자유 우파는 어쩔 수 없이 미래통합당에 투표했지만, 정말 흔쾌한 마음으로 미래통합당을 찍은 사람들은 거의 없었다. 울며 겨자 먹기로 미래통합당을 찍었다. 그 결과는 대참패였다.

패배 원인의 또 하나는 황교안의 서울 종로 출마와 노회한 김종인의 선거대책위원회 장악이다. 당의 유일한 자산이었던 황교안의 종로 출마는 누구도 예상하지 못한 시점에 불쑥 제시되었다. 황교안은 자유 우파 진영에서 유일하게 지지율 20~30퍼센트를 기록하고 있던 정치인이었다. 야당은 선거를 바람으로 치를 수밖에 없다. 정권 심판 바람은 언제든 강력하게 불 정도로 무르익은 상황이었다. 지지율이 종북 좌파 대권 주자들만큼 나왔던 황교안은 마땅히 전국 유세를 했어야 했다.

그런데 황교안은 김형오의 협박을 받고 험지 출마라는 미명하에 종로 지역구 선거에 갇혀 버렸다. 종북 좌파들이 파놓은 덫에 걸려든 것이다. 제 발로 종로에 걸어 들어간 황교안은 그 후 단한 번도 종로에서 벗어나지 못했다. 전국을 돌며 정권 심판 바람을 일으키고 지원 유세를 해야 할 당대표가 두 손 두발이 다 묶여옴짝달싹 못 했다. 황교안은 거기서 정치적으로 죽었다. 누굴 탓할까. 황교안 스스로 자초한 것을.

뜨거운 가슴이 없는
인간들

　　　　　　　　종로에 갇혀 선거를 지휘할 수 없던 황교안은 또다시 악수惡手를 두게 된다. 전국 선거 지휘권을 김종인에게 넘겼던 것이다. 선거 열흘쯤 앞두고 김종인은 총괄 선대위원장이라는 자리를 꿰찼다. 그렇지만 김종인은 미래통합당의 승리를 위해 뭐 하나 제대로 한 일이 없다. 기껏 한 일이 당대표와 삐걱거리기나 하고 다른 선대위원장들과 갈등을 빚으며 선거를 망쳐 버렸다. 허망하게 선거를 망친 직후 김종인이 국민들에게 했던 말은 그야말로 그로테스크했다.

　　"자격도 없는 정당에 표를 달라고 해서
　　죄송합니다."

　　그의 말 어디에 미래통합당과 자유 우파에 대한 애정이 깃들어 있나. 손톱만큼이라도 자유 우파를 사랑하고 미래통합당을 걱정하는 마음이 있었다면 할 수 없는 말이었다. 그런 자에게 총괄 선대위원장을 맡겼으니 그야말로 자살골을 두 골, 세 골 연거푸 넣어 버린 셈이었다. 잘못된 공천으로 자살골 넣고, 종로에 출마해 자살골 넣고, 김종인을 총괄 선대위원장에 앉혀 자살골 넣고.

이러고도 선거에서 이길 수 있었을까.

4·15 총선 대참패는 자유 우파의 정치적 대표체인 미래통합당의 패배일 뿐만 아니라 광화문 태극기 세력의 패배로 연결될 수밖에 없었다. 우리공화당·자유민주당·기독자유당 모두가 단 한 석도 얻지 못했다. 오히려 선거 대참패 직후부터 선거 패배의 주범으로 몰리기 시작했다.

"당이 태극기 세력에 휘둘리는 바람에 졌다.
그거, 유튜브들 때문에 진 거야."

김종인·유승민·김무성 세력은 4·15 총선 패배의 책임을 문재인 종북 주사파 정권에 맞서 가장 치열하게 싸운 태극기 자유 우파 세력과 유튜버들에게 떠넘기고 다시 미래통합당 당권을 거머쥐었다.

대참패 직후 '비상대책위원회'가 출범하며 또다시 당권은 김종인에게 넘어갔다. 김종인은 당권을 잡자마자 가장 먼저 미래통합당 당헌 당규에 있는 자유 민주주의에서 '자유'자를 지우는 짓을 했다. 문재인 종북 주사파가 정권을 잡자마자 자유 민주주의에서 '자유'자를 지우는 개헌을 하겠다고 나섰던 것과 똑같은 짓거리였다.

그 후 1년 넘게 미래통합당은 김종인에게 멱살 잡혀 이리저리 끌려다녀야 했다. 반면에 압도적 다수를 차지한 종북 좌파들은 국회 입법 권력을 이용해 수십 년간 하려고 했으나 하지 못한 온갖 악법들, 즉 5·18과 대북 전단 관련 악법들을 양산했다. 그 흐름 끝에 검수완박이 있었다.

4·15 총선 대참패 후 자유 우파는 국민 대혁명의 열기를 잃어버리고 깊은 패배의 늪에 빠져 버렸다. 2017년 대통령 선거 패배도 2020년 4·15 총선 패배만큼 충격적이지는 않았다. 모두가 몸살을 앓았다. 한 달 이상 식음을 전폐했다는 사람들이 수두룩했다.

그런데 그 절망의 끝에서 자유 우파에게 실낱같은 빛줄기가 찾아들었다. 부산과 서울에서 또 다른 바람이 불기 시작했다.

4·15 총선 대참패 이후 꼭 1년만이었다.

4·15 총선 대참패의 교훈은 무엇인가?

종북 좌파에게 입법 독재의 길을 열어 준 4·15 대참패. 자유 우파는 절대로 그 참사의 책임자들을 잊어선 안 된다.

당대표 황교안, 공관위원장 김형오, 총괄 선대위원장 김종인, 그리고 사실상 선거를 거덜내 버린 김무성과 유승민 세력. 이 자들을 절대 잊지 말아야 한다.

완전한 권리,
정권 심판의 날

무엇보다 자유 우파 국민들의 이길 수 있다는
확신이 주효했다. 선거에서 이기는 경험까지 함께
했다. 그 결과 2022년 대선에서 이길 수 있겠다는
확신을 구체적으로 갖게 되었다.

이기는 습관의
중요성

2021년 4월 7일, 서울과 부산 지역에서 재보궐 선거가 있었다. 4월 7일의 재보궐 선거는 1년 뒤에 있을 2022년 3·9 대선 전초전 성격을 갖고 있었다. 어느 때보다 '정권 심판' 민심이 간절했다. 그 바람대로 자유 우파는 재보궐 선거에서 승리했다. 이 선거에서 자유 우파가 승리했기 때문에 2022년 3·9 대선에서 정권 교체에 대한 확신을 가질 수가 있었다.

선거는 전쟁과 마찬가지로 이기는 경험이 매우 중요하다. 상대방과 붙었다 하면 지는 군대는 다음을 기약할 수 없다. 다음에 승리한다는 확신을 가질 수 없으니 또 패하게 되는 것이다. 작은 승리라도 경험을 쌓는 것은 중요하다. 이기는 경험은 전사들의 사기에도 절대적이다.

나는 2022년 4·7 재보궐 선거를 승리했기 때문에 이듬해 치러질 2022년 3·9 대선에서의 자유 우파 승리를 확신하게 되었다고 생각한다. 그 확신이 끝까지 흔들리지 않아서 윤석열 정부의 등장으로 이어진 것이다.

사실 2022년 4·7 재보궐 선거는 자유 우파에게 비교적 쉬운 선거였다. 서울의 오세훈과 부산의 박형준이 종북 좌파를 20퍼센트 가까운 차로 여유 있게 이겼는데 이런 선거 결과에는 두 가지 이유가 있다.

4·7 재보궐 선거의
직접적인 계기, 파렴치한
박원순과 오거돈

서울은 시장이었던 박원순이 4년 넘게 여비서에 대한 성추행을 계속하자 이를 더 이상 견딜 수 없었던 여비서가 경찰에 고소장을 접수한 다음 날, 박원순이 극단적 선택을 함으로써 재보궐 선거를 치르게 되었다. 그런데도 낯짝 두꺼운 종북 좌파들은 박영선을 후보로 냈다. 후보를 낸들 절대 이길 수 있는 상황이 아니었음에도.

부산도 마찬가지였다. 시장이었던 오거돈이 업무 시간에 집무실로 부하 여직원을 불러 성추행해 기소됨으로써 재보궐 선거를 치르게 되었다. 파렴치한 종북 좌파들은 부산에도 김영춘을 후보로 냈다.

김영춘은 이 선거에서 패한 후 정계 은퇴를 한 터라 더 말할 것이 없지만, 박영선의 경우는 박원순의 거듭된 성추행 때문에 생긴 보궐 선거에 후보로 나섰다는 것 자체가 두고두고 정치적 부담이 될 것이다. 그러니까 4·7 재보궐 선거는 선거가 결정된 순간, 승패가 결정된 것이나 진배없었다. 그런 선거에서 종북 좌파가 이긴다면 이걸 어찌 제대로 된 나라라고 하겠는가. 4·7 재보궐 선거는 4·15 총선에서 기대하지도 않던 대승을 거둔 종북 좌파들이 입법부 다수파의 힘을 마구잡이로 휘두르며 입법 독재를 행한 지 꼭 1년째 되는 시점이었다. 자유 우파 국민의 입장에서는 문재인 종북 주사파 정권의 폭정을 4년째 견디는 중이었고, 더불어민주당의 입법 폭주를 1년째 견뎌 내던 때였다.

어느 때보다도 정권 심판론에 대한 국민적 여론이 비등하던 시점이었다. 거기에다 박원순과 오거돈의 성범죄로 인해 재보궐 선거가 치러졌으니 문재인 종북 주사파 정권을 심판하는 '심판론'이야말로 거스를 수 없는 대세가 된 것이다.

변수로 등장한
그 사람

정권 교체론이 팽배했고 또 재보궐 선거의 직접적 원인인 종북 좌파의 성범죄 사건이 있었다고 해서 그것만으로 4·7 재보궐 선거의 압도적인 승리가 자동적으로 보장된 것은 아니었다. 당시의 여론 조사를 들여다보면 서울의 경우 박영선이 오세훈이나 안철수보다 지지율이 계속해서 높게 나왔다. 종북 좌파는 단일 후보로 똘똘 뭉쳐 있었고, 자유 우파는 오세훈을 후보로 낸 '국민의힘'과 안철수가 후보로 나온 '국민의당'으로 분열돼 있었다. 2021년 4월 7일 서울·부산 재보궐 선거의 승패를 결정짓는 마지막 변수가 있었던 것이다.

안철수는 그때나 지금이나 오지 하나의 목표를 갖고 있다. 대통령이 되는 것. 당시에도 안철수는 대통령 선거 준비를 하고 있었는데 그대로 가다가는 대통령 선거는커녕 4·7 재보궐 선거에서도 질 것 같다는 위기의식을 느끼며 2020년 12월 21일 폭탄 선언을 했다. 일생일대의 승부수를 던졌다.

"국민적 열망인 정권 교체를 위해서는 당장 그 1년 전에
치르는 서울시장 재보궐 선거를 우리가 이겨야 된다.
그러기 위해서 나는 대선을 포기하고 서울시장에 출마하겠다."

거기에서 그치지 않았다. 안철수는 더 큰 이슈를 던졌다.

"문재인 정권에 대항하기 위해선 야권 전체가 힘을 모아야 한다.
서울시장에 출마할 국민의힘 후보는 나와 후보 단일화를 하자."

안철수의 선언은 폭발적이었다. 특히 후보 단일화 제안은 충

격적이었다. 대선 승리를 위해 서울시장에 출마하겠다는 것도 큰 충격을 주었지만 '국민의힘 후보와 단일화를 하겠다'는 선언은 4·7 재보궐 선거 정국의 가장 중요한 핵심 사안이 되었다. 실제로 안철수의 선언 이후 한 달 반 동안 언론은 거의 하루도 빠지지 않고 안철수와 국민의힘의 단일화를 주요主要한 정치 이슈로 다루었다.

결과적으로 보면 안철수의 제안이 받아들여졌고 오세훈과 안철수 간의 후보 단일화는 오세훈의 승리로 끝이 났다. 그 과정에서 단일화의 플러스알파 효과가 축적되었다. 오세훈은 야권 단일 후보가 되는 순간 박영선을 10~20퍼센트 차이로 벌려 앞서 나갔다. 그 순간 게임은 끝나 버렸다. 종북 좌파도 자기들끼리 단일화라는 것을 하긴 했다. 그렇지만 아무도 관심을 갖지 않았다. 박영선이 할 수 있는 일이라고는 단일 후보가 된 오세훈에 대한 네거티브 인신공격뿐이었다. '16년 전, 오세훈이 로퍼loafer 페라가모를 신고 생태탕 집에 들렀다'며 공격하는 것이 고작이었다.

확증 편향[15]의 기억을 소환해 내지르는 근거 없는 주장이 어떻

---

15   심리학 용어. 자신의 가치관, 신념, 판단 따위와 부합하는 정보에만 주목하고 그 외의 정보는 무시하는 사고방식.

게 대세를 뒤집겠나. 허구한 날 김어준을 내세워 네거티브를 해본들 이미 기울어진 승부를 뒤집을 수는 없었다.

최종 승리자는

2022년 4·7 재보궐 선거의 직접적 승리자는 오세훈과 박형준이었지만 정치적 승리자는 안철수였다. 나는 당시 그렇게 평가했고 지금도 여전히 그렇게 평가한다. 안철수는 단일 후보 경선에서 오세훈에게 패한 후 선거 유세에 돌입해 오세훈보다 하루 더 선거 유세를 다녔다.

오세훈이 서울시장 〈TV토론〉 준비 차 유세를 하루 쉰 날도 안철수는 유세를 이어 갔다. 그런 식으로 진정성을 보임으로써 안철수는 사실상 4·7 재보궐 선거의 정치적 승리자가 되었던 것이다. 부산 시장 후보였던 박형준은 당시 여러 차례 이런 얘기를 했다.

"부산 재보궐 선거는 서울과 따로 진행되는 게 아니다.

정치적으로는 완전히 하나의 선거처럼 진행되고 있다.

부산에서 실수하면 서울에 영향을 미치고,

서울에서 실수하면 부산에 영향을 준다."

4·7 재보궐 선거는 안철수의 단일화로 승부가 났다. 어떤 변수도 승리를 흔들 만큼 강력하지 못했다.

아웃라이어, 그의 이름은

그렇다고 안철수만 설명하면 4·7 재보궐 선거가 모두 설명되는 것일까? 물론 그렇지 않다. 안철수보다 더 강한 변수가 있었다. 대한민국 국민이라면 반드시 알아야 할 변수의 주인공은 바로 윤석열이었다.

윤석열은 4·7 재보궐 선거 한 달 전쯤인 2021년 3월 4일 검찰총장직을 사퇴했다. 문재인·조국·추미애·박범계는 윤석열이 검찰총장으로 있는 동안 끊임없이 공격했다. 윤석열의 사람들로 알려진 검사들 대부분이 좌천되거나 한직으로 쫓겨났으며 옷 벗을 것을 강요당했다. 대표적 인물이 현재의 법무부 장관 한동훈이었다. 한동훈은 이 기간 동안 내내 하릴없이 연수원 교수로 있어야 했다. 그래도 윤석열은 버텼다. 그와 가까운 검사들도 사표를 던지지 않고 귀양살이를 버텨 냈다. 그러다 마침내 윤석열이 총장직을 던져 버리는 사건이 발생했다.

칼끝을 턱밑까지 들이대는 종북 좌파에 맞서 2021년 3월 4

일, 윤석열은 검찰총장직을 사퇴하는 것으로 마지막 저항을 했다. 윤석열의 정계 입문이 거의 기정사실화한 시점이었다. 그것도 자유 우파 정치인으로.

4·7 재보궐 선거 날, 서울의 한 투표장에 구순九旬의 아버지를 모시고 나온 그의 모습에 국민들은 열광했다. 윤석열의 나비 효과는 강렬했다.

확신이 힘을 가지려면

윤석열 효과와 안철수의 진정성. 국민의힘은 이 두 변수에 버금갈 만한 어떤 의미 있는 행동도 하지 못했다. 4·7 재보궐 선거는 국민의 확신이 만든 압승이었다. 정권 교체를 할 수 있다는 확신.

당위론적 차원에서 정권 교체는 언제든지 얘기할 수 있지만 그것이 정치적인 뜻을 가지려면 정권 교체가 현실적으로 가능하다는 국민적 확신 속에 제기되어야 한다.

2019년 광화문 국민 혁명 때도 자유 우파는 정권 교체를 목이 터져라 외쳤다. 그렇지만 2020년 4·15 총선을 승리로 이끌지 못했다. 반면 2021년 4월 7일 재보궐 선거에서는 정권 교체를 할 수 있겠다는 자유 우파 국민들의 확신에 의거한 투표권 행사가 행동으로 나타났다. 왜 그랬을까? 2020년 4·15 총선과 달리 2021년 4·7 재보궐 선거에서는 윤석열과 안철수가 있었기 때문이다.

'아, 윤석열을 앞세우면 정권 교체할 수 있겠다.

10년 넘게 철수, 철수, 또 철수로 비아냥 받던 안철수도

진정성을 갖고 움직이면 정권 교체의 길로

성큼 다가갈 수 있겠구나.'

무엇보다 자유 우파 국민들의 이길 수 있다는 확신이 주효했다. 선거에서 이기는 경험까지 함께했다. 그 결과 2022년 대선에서 이길 수 있겠다는 확신을 구체적으로 갖게 되었다.

4·7 재보궐 선거 이후 정확히 1년 후인 2022년 3·9 대선 정국에서 정치 지도자 윤석열과 안철수는 다시 한번 대하드라마의 역사를 써 내려갔다.

고성국의 공☆산당선언 원칙

4·7 재보궐 선거에서 자유 우파의 압승은 정치적으로 어떤 평가를 내릴 수 있나?

정치에 입문도 하지 않았던 윤석열의 등장과 대권 도전을 포기하면서까지 서울시장 선거에 올인해 오세훈과 단일화를 완성하고 단일 후보 오세훈을 위해 혼신을 다하여 지원했던 안철수.

4·7 재보궐 선거는 윤석열과 안철수가 만들어 낸 승리였다.

정치 지도자,
리더의 자질

부는 바람,
스쳐가는 바람

역사 발전에 있어서 큰 흐름은 분명히 존재한다. 그렇지만 그 흐름이 언제나 직진해 앞으로만 나아가는 것은 아니다. 굽이굽이 돌아가기도 하고, 한 발짝 후퇴했다가 나아가기도 하고, 나선형으로 비틀어져 돌아가기도 한다. 이러한 패턴이 복합적으로 교차하면서 원시 인류 사회로부터 현대 산업 사회에 이르는 거대한 인류 진화의 역사 흐름을 형성한다.

인간은 역사의 고비마다 수없이 많은 선택의 기로에 섰다. 어떤 선택을 할 것인가는 오로지 인간의 몫이다. '역사는 인간의 선택으로 결정된다'는 자유 우파 역사관. 이것이 자유 민주주의의 철학적 기반이다.

개인의 역사도 마찬가지다. 윤석열과 최재형. 한 사람은 대통령이 되고, 한 사람은 실패한다. 어차피 둘 중 한 사람은 실패할 수밖에 없는 운명이었다. 대통령을 두 명을 뽑을 수 없으므로 확연히 갈린 두 사람의 행로에서 국민이 원하는 리더는 어떤 사람이어야 하고, 그의 정치적 리더십은 어떠해야 하는지를 살펴볼 필요가 있다.

윤석열을 불러내다

국민들은 윤석열을 호출했다. 왜 호출했을까. 그가 폭주하는 종북 주사파 정권과 싸운다고 생각했기 때문이다. 장관이나 국회의원들과 싸우는 게 아니라 종북 좌파의 수장 문재인과 맞장 뜬다고 여겨 호출했다.

무협 영화나 느와르 조폭 영화에서 단골로 등장하는 장면이 집단 패싸움이다. 그 패싸움의 마지막은 보스들의 1 대 1 승부다. 국민들은 종북 좌파의 리더는 문재인이고 자유 우파의 리더는 윤석열이라고 생각했다.

문재인이 조국·추미애·박범계를 차례대로 내세웠지만 그들이 문재인의 똘마니라는 사실을 모르는 국민은 아무도 없었다. 결국 종북 좌파의 보스는 문재인이었다. 그 서슬 퍼런 종북 좌파 정권에 맞서 자유 우파 진영의 많은 사람들이 투쟁을 했다. 그렇지만 2021년 시점에서 보면 문재인과 맞장 떴다고 할 만한 사람은 아무도 없었다. 맞장은커녕 입도 뻥긋 못했다고 하는 게 더 정확한 표현이다. 당시 국민의힘 지도부를 구성하고 있었던 김기현·주호영·이준석 등이 문재인과 맞장 뜰 리더라 생각하는 국민이 누가 있었겠나. 자칭 대권 주자들이라던 홍준표·원희룡·유승민이 문재인과 맞장을 떴나. 자유 우파 국민들 눈에는 누구도 문재인의 상대가 되지 못했다.

뜻밖에도 문재인과 맞장을 뜬 사람은 윤석열이었다. 국민들은 그에게 열광했다. 뜨겁게 응원하고 지지하다 끝내 그를 정치판으로 호출했다. 만약 윤석열보다 더 치열하게 문재인과 투쟁하는 누군가가 있었다면 국민들의 응원과 지지는 바로 그 사람을 향했을 것이다. 더 잘 싸우고, 더 치열하게 투쟁하는 사람을 응원하지 눈치나 보고 뒷전으로 물러나 있는 사람을 어느 누가 응원하겠는가. 윤석열은 문재인과 처절하게 투쟁하는 가운데 급성장한 정치 지도자였다. 문재인과 투쟁하며 큰 셈이다.

'적장과 싸우는 자가 리더가 된다.'

이런 고전적 명제가 떠오른다. 적 진영의 부장들을 상대하면 부장밖에 안 된다. 졸개들하고 싸우면 졸개밖에 안 되는 것이다. 무릇 대장이 되려면 적의 대장과 싸워 그의 목을 치고 대장이 되어야 한다.

2021년의 윤석열은 적장 문재인과 맞장 뜬 유일한 사람이었다. 자유 우파 국민들은 환호했고 화환으로, 떡으로, 댓글로 응원하다 마침내 조직을 움직여 지원했다. 그런데 문재인 종북 주사파 정권에 몸담은 고위 공직자이면서 문재인과 싸운 사람이 하나 더 있었다. 감사원장 최재형이다.

일화逸話를 경계해야
하는 이유

국민들은 최재형을 향해서도 적지 않은 응원을 보냈다. 자유 우파 국민들이 그를 열렬히 응원하게 된 동기는 윤석열의 경우와 다르지 않다. 최재형도 문재인과 맞장을 떴다. 월성원전 1호기 경제성 저평가 사건 관련해 감사원의 감사 기록에 문재인이라는 이름을 두 번이나 적시해 문재인의 부당 개입을 만천하에 알렸기 때문이다.

거기에다 최재형이라는 사람을 알고 보니 까고 까도 미담이 차고 넘치는 사람이었다. 선친은 6·25 전사에 나오는 전쟁 영웅이었고, 집안 모임이 있을 때 애국가를 제창할 만큼 애국심이 가득한 집안이며, 병역 명문가다. 그런가 하면 최재형은 고등학교 시절 교회에서 알게 된 장애를 가진 친구를 내내 업고 등하교를 같이했으며, 심지어 사법연수원까지 같이 다닌 헌신적이고 희생적인 성품의 소유자다. 이미 자식들이 있는데도 가슴으로 낳은 아이 둘을 입양하여 훌륭하게 키운 스토리도 있었다. 자유 우파 국민들은 그의 인품과 스토리에 호감을 갖게 되었고, 그 호감이 정치적 지지로 조금씩 부풀어 올랐다.

그런데 여기서 우리가 다시 한번 생각해야 하는 게 있다. 최재형을 정치 지도자로 받아들이는 데 무엇이 더 중요한지다. 아름다운 미담 스토리인가, 아니면 문재인과 맞장 뜨며 정치적 대립 구도를 만들어 가는 리더십의 역량인가.

둘 다 중요하다. 그렇지만 어느 쪽이 주主이고 어느 쪽이 부附이겠는가. 당연한 얘기지만 정치 지도자에게는 정치적 대립 구도를 운영하는 능력이 주가 되어야 한다. 아름다운 미담 스토리들은 아무리 많아도 정치적으로 부차적인 역할밖에 하지 못한다. 물론 미담이 없는 것보다는 있는 것이 훨씬 낫다. 그렇다고 해서 정치적 대립 구도를 운영하는 정치적 리더십을 대체할 수는 없다. 우리는 훌륭한 정치 지도자를 찾는 것이지 훌륭한 인간을 찾는 게 아니다. 기왕이면 정치 지도자가 훌륭한 인간이기를 바라는 마음에 훈훈한 미담 사례를 긍정적으로 평가할 수는 있어도 정치적 리더십을 대체하지는 못한다.

나쁜 남자
좋은 사람

윤석열의 미담은 세간에 알려진 것이 없다. 미담이 있는지 없는지도 잘 모른다. 그러나 적장인 문재인과의 대립 구도를 확연하게 만들어 내는 정치 리더로서의 실력은 확실히 갖고 있었다.

반면 최재형은 문재인과 싸움을 하는 것 같기는 한데 뚜렷하고 화끈한 대결 구도를 만들지는 못했다. 아름다운 인간 스토리만 잔뜩 있다. 많은 사람들의 기대에도 불구하고 최재형은 결국 정치적 리더십 범주에서 윤석열을 능가하지 못했다.

정치에서 더 중요하고, 더 본질적인 것은 적과의 대립 전선을 분명하게 구축하고 우리 진영을 결속시킬 정치적 리더십이다. 개인적 미담 사례와 훈훈한 이야기들이 아니다. 그런 것은 있으면 좋겠지만 없어도 상관없다. 그렇지만 대립 구도를 운영할 수 있는 리더십은 없어서는 안 되는 덕목이다. 정치 지도자 대통령이 되겠다는 사람에게는 이 전선을 구축하고 운영할 능력은 필수다.

윤석열은 한 번도 1등을 내주지 않으며 대권 주자로 질주했고 대통령에 당선되었다. 최재형은 많은 기대를 받았으나 결국 4강 경선에도 들지 못했다. 현재는 국회의원의 한 명에 불과하다. 그렇다고 해서 그의 정치 인생이 끝났다고 단언 짓는 것은 아니다. 그가 대통령이 되기 위해서는 미담 하나를 더 보태는 행동을 하는 것보다는 결정적으로 부족했던 정치적 대립 구도를 구축하고 운영할 리더십을 키워야 한다. 그것이 구축되지 않으면 그는 그냥 좋은 사람으로 남을 뿐이다.

적장에게만
대립 전선을 치지 않는
홍준표

　나는 앞에서 윤석열과 최재형 두 사람을 비교하며 정치에 있어서 본질적으로 중요한 리더십의 성격이 무엇인지를 설명했다. 정치적 대립 구도를 구축하고 운영할 능력은 정치 지도자에게 있어 가장 큰 덕목인 점을 거듭 강조했다.

　두 외부 인물은 그렇다 치고 국민의힘은 어떠했는가. 10명이 넘는 대권 주자들이 '나도 한번 해보겠다'며 도전을 했다. 그런데 윤석열에 근접하여 그를 조금이라도 위협했던 사람은 홍준표밖에 없었다. 나머지는 등수가 의미 없을 정도로 지지율이 한 자리 숫자에 머무르다 끝났다. 유승민은 말할 것도 없고 원희룡도 그렇게 해서 끝났다. 유일하게 홍준표만이 윤석열을 위협하는 정도까지 치고 올라왔다. 그건 또 어떤 이유 때문이었을까?

　홍준표도 대립 구도를 자기중심으로 짜는 능력이 있었던 사람이었다. 옳은 것이든 그른 것이든 홍준표는 어쨌든 자신을 전선의 한 가운데 세울 줄 알았다. 상대가 윤석열이든 문재인이든 이재명이든. 문제는 홍준표가 자유 우파 국민들이 5년 내내 한 번도 포기하지 않았던 문재인 종북 주사파 정권과의 대립 전선만 구축하지 않았다는 데에 있다.

어떤 때는 윤석열을 상대로 전선을 치기도 하고, 또 어떤 때는 박근혜를 향해 치기도 했다. 이것은 홍준표의 자기중심성이 너무 강했기 때문이다. 그러다 보니까 자유 우파와 종북 좌파 간 대립 전선 속에서 움직일 때는 지지율이 어느 정도 나왔지만, 윤석열이 자유 우파의 정방향에 서게 된 후로 어쩔 수 없이 반反윤석열 전선을 치면서 홍준표도 자유 우파 주류로부터 배척당하고 비난받게 되었다.

나는 홍준표가 윤석열을 상대로 전선을 치는 게 아니라, 죽으나 사나 문재인을 향해 전선을 쳤어야 했다고 생각한다. 그러고는 자유 우파 국민들한테 당당히 말했어야 한다.

"자, 봐라 내가 친 전선이 더 위력적이냐,

윤석열이 친 전선이 더 위력적이냐.

자유 우파라면 어느 쪽을 선택하겠는가?"

말 그대로 윤석열과 선의의 경쟁을 했다면 결과는 또 달랐을 것이다. 그런데 홍준표는 문재인과의 전선보다 윤석열과의 전선을 더 강조하는 전략적 오류를 범하고 말았다. 이 전략은 경선할 때는 효과적이었는지 모르겠으나 5년 동안 문재인 종북 주사파 세력과 처절히 싸우는 데 모든 것을 걸었던 자유 우파 국민들 입장에서 볼 때는 내부 총질하는 자로 보일 수밖에 없었다. 그것이 홍준표 몰락의 원인이다.

홍준표는 오뚝이처럼 다시 일어서는 생명력이 강한데다 전선을 치는 능력이 탁월해서 몰락했다가도 다시 살아나 대구시장이 됐다. 4년 후 2027년 대선에도 분명히 다시 나타날 것이다. 그렇지만 나는 그의 정치적 생명은 다했다고 생각한다. 전선을 자유 우파의 주류적 흐름 속에서 흔들림 없이 칠 수 있어야 제대로 된 정치 지도자다. 전선 치는 능력이 좀 있다고 해서 필요할 때 적과의 전선을 흐트러뜨리고 내부에다 전선을 쳐서 눈앞의 이익이나 탐하는 수준의 정치 지도력으로는 대통령이 될 수 없다.

문재인 종북 주사파 정권에 저항해 목숨 걸고 5년 넘게 싸운 자유 우파 국민들 입장에서 전선 구축도 올바로 못하는 후보들을 왜 지지하겠는가. 어쨌든 당시 국민의힘 안에 홍준표를 제외하고는 전선 칠 능력을 갖춘 정치 지도자가 한 명도 없었다는 사실은 불행한 일이 아닐 수 없다.

붙임 정당 국민의힘

경선 막바지에 기사회생하듯이

원희룡이 급부상했다. 황교안이나 최재형 둘 중의 한 명이 4강에 올라갈 거라는 일반의 예측을 뒤집고 원희룡이 4강 막차에 올라탔다. 그는 어떻게 4강에 오를 수 있었을까. 이재명을 적으로 하는 전선을 쳤기 때문이다. 대장동 1타 강사가 그것이다. 고전하던 원희룡은 뒤늦게나마 적장인 이재명을 상대로 전선을 쳐서 4강 진입에 성공했던 것이다.

"어라, 쓸모 있네!"

자유 우파 국민들은 그를 알아봤고 4강에 넣어 줬다. 사실 국민의힘은 박근혜 탄핵 국면 때부터 전선을 치는 능력을 상실했다. 당대표라는 자가 "문재인을 비판하지 않겠다"고 대놓고 얘기해도 그냥 넘어가는 정당이 돼 버렸다. 국민의힘이 당 차원에서 단 한 번도 문재인 종북 주사파 정권의 폭정에 저항해 투쟁하고 행동한 적이 없다. 전선조차도 친 적이 없다. 새로운 리더십을 만들어 내지 못한 국민의힘은 불임 정당일 수밖에 없다.

엄밀히 말하면 윤석열은 국민의힘이 배출한 리더십이 아니다. 급하게 데릴사위처럼 데리고 들어온 리더십이다. 국민의힘이 발굴해 키운 리더십이 아니라는 얘기다. 윤석열은 2019년 광화문 국민 혁명 때 검찰총장이었고 최재형은 감사원장이어서 어떤 정치적 행동도 할 수 없는 제약에 묶여 있었다. 윤석열과 최재형은 논외로 하고, 홍준표 이하 나머지 자유 우파 국민과 정치인들 중에 광화문 국민 혁명이라는 주±전장에서 문재인 종북 주사파 정권에 맞서 전선을 세우며 제대로 뛰었던 자유 우파 정치 지도자가 누가 있었나?

황교안과 나경원? 그들도 광화문 국민 혁명에 온 몸을 던진 건 아니었다. 광화문 국민 혁명 안에다 자유한국당 좌판 하나를 설치해 놓았을 뿐이다. 또 누가 있나? 눈을 씻고 찾아봐도 없다.

100만 명이 넘는 국민이 광화문에서 문재인 종북 주사파 정권과 전선을 치며 대치하고 있고, 엄동설한에 100일 넘게 광야에서 철야 기도하며 투쟁하고 있는데 그 투쟁 현장에 제대로 녹아들어서 자유 우파 국민과 손잡고 같이 투쟁했던 대권 주자들이 누가 있었는가 말이다. 슬프게도 아무도 없었다.

그런 대권 주자들만 잔뜩 있는 불임 정당인 국민의힘이 2022년 3월, 정말 운 좋게 정권을 다시 찾아왔다. 이것은 100퍼센트 윤석열의 힘이고 100퍼센트 자유 우파 국민들의 투쟁의 힘이다. 국민의힘 대권 주자들과 100명이 넘는 국회의원들 모두가 자유 우파 국민들의 목숨 건 투쟁에 편승하고 윤석열 리더십에 편승해 지금의 집권 세력이 된 것이다. 그래서 장관이 되고 이런저런 자리에 앉게 된 것이다. 이런 말이 있다.

"똑같은 방법으로는

두 번 대통령 되지는 못한다."

윤석열은 그만의 정치 문법으로 대통령이 되었다. 차기 2027년에 대통령이 될 정치 지도자도 자기만의 정치 문법을 만들어 내야 한다. 정치를 오래한 사람이든 얼떨결에 정치를 하게 된 사람이든 그가 대통령이나 대통령 후보 반열에 오르려면 어쨌든 다른 사람의 정치 문법을 따라가서는 안 된다. 맞든 틀리든 크든 작든 자신의 고유한 정치 문법을 계발해야 한다.

경력이나 계파 같은 기존의 정치 문법을 과감히 해체하고, 남에게 뺏기지 않을 자기만의 문법을 만들어 내야 한다. 단, 명심할 것은 어떤 경우에도 자유 우파 국민의 주류적 흐름과 함께 가는 정치 문법이어야 한다. 자유 우파 국민이 투쟁하면 함께 투쟁해야 되고, 투표 행동을 하면 함께 투표 행동할 수 있는 정치 문법을 갖고 나와야 된다는 얘기다. 역으로 그런 게 없으면 대권 주자는 될 수 없다. 물론 그것이 어떤 리더십일지는 아무도 모른다. 언제, 어떻게, 그런 리더가 우리 자유 우파 앞에 나타날까? 남겨진 숙제다.

고성국의 공호산당선언 원칙

불임 정당 국민의힘이 정권 재창출을 위해서는 무엇을 하고, 어떤 리더십을 가진 정치 지도자를 내세워야 하나?

자유 우파와 함께 하되 기존의 정치 문법이 아닌, 새로운 정치 문법을 만들어 낼 수 있는 리더십을 가진 정치 지도자여야 한다.

즉, 다음의 두 가지가 필요하다.

1. 자유 우파와 함께할 수 있는 리더십.

2. 새로운 정치 문법을 만들어 낼 수 있는 리더십.

3
부

다시 찾을 자유의 '혀'

그처럼 패배하고, 죽어 가면서
들리지 않는 귓가로
승리의 머나먼 선율은
울린다, 괴로움에 차서, 허나 분명히.

_에밀리 디킨슨, 〈성공은 달디달다고들 말하지만〉 중에서

8
장

국민은
왜 윤석열을
선택했나

"나는 사람에게 충성하지 않습니다.
조직에 충성합니다."

그 시기, 그 상황에 꼭 맞는
정치 지도자의 조건

2022년 3·9 대선에서 대한민국 국민은 왜 윤석열을 대통령으로 선택했을까.

가장 큰 이유는 윤석열이 문재인 종북 주사파 정권과 제대로 싸웠다고 판단했기 때문이다. 실제로 그가 문재인 정권과 싸웠는지 안 싸웠는지는 중요하지 않다. 그 부분은 후일 역사가 평가할 일이다. 싸웠나 안 싸웠나보다 중요한 것은 문재인 정권을 상대로 제일 잘 싸웠다고 국민들이 판단하며 평가했다는 사실이다.

정치 지도자는 정치인들이 자임해서 되는 게 아니다. 국민들이 인정하고 지지할 때 비로소 되는 것이다. 정치 지도자는 국민들에게 인정받는 게 중요하다.

수많은 사람들이 문재인 종북 주사파 정권을 상대로 치열하게 싸웠을 것이다. 눈에 보이게도 싸우고, 안 보이게도 싸우고, 뒤로 돌아가서도 싸웠을 것이다. 그중 문재인 종북 주사파 정권과 제일 잘 싸웠다고 국민들이 인정한 사람이 윤석열이었던 것이다. 이 부분은 아무리 강조해도 지나침이 없다. 국민들로부터 인정을 받았기 때문에 자유 우파의 리더로 지지를 받고 선택을 받아 대통령이 되었던 것이다.

대통령이 되려면

무조건 싸움을 잘해야 되는 걸까?

꼭 그렇지는 않다. 시기와 상황에 따라 다르다. 잘 싸우는 사람이 대통령에 선택될 때도 있지만 타협을 잘하는 사람이 선택될 때도 있다. 그런가 하면 잘 참는 사람이 선택될 때가 있고, 국민을 마음 편하게 하고 웃길 줄 아는 사람이 선택될 때도 있다.

2022년은 종북 좌파와 잘 싸우는 사람이 필요한 상황이었고 국민들은 그런 사람을 대통령으로 선택했던 것이다. 문재인 종북 주사파 정권은 끊임없이 자유 우파를 핍박해 죽이려고 했다. 적폐 청산이란 미명 하에 잡아 가두고 괴멸시키며 대한민국체제를 전복해 인민 민주주의체제로 바꾸려고 획책했다.

문재인 종북 주사파 정권과 자유 우파 세력은 전면적인 이념 전쟁을 하지 않을 수 없었다. 전쟁 상황이었으니 이때의 최고 리더는 싸움을 제일 잘하는 사람이어야만 했다. 국민들은 당연히 그 상황에서 제일 잘 싸우는 리더를 갈구했고, 마침내 제일 잘 싸우고 있던 윤석열을 자유 우파 리더로 선택하기에 이른 것이다.

국민들은 윤석열을 선택한 후에는 그 외의 것은 따져볼 이유가 없었다. 그가 정책을 얼마나 많이 아는지, 우리 사회의 어려운 사람들한테 얼마나 많은 봉사를 해 왔는지, 얼마나 많은 미담들을 갖고 있는지는 상관하지 않았다. 그런 것들은 있으면 좋지만 그 시기와 그 상황에서 윤석열은 꼭 해야만 하는 것, 즉 투쟁을 하고 있었기 때문이다.

정치는
말로 싸운다

　　　　　윤석열이 문재인 종북 주사파 정권과 잘 싸웠다는 것은 주먹다짐을 하며 싸웠다는 게 아니다. 아무리 문재인 종북 주사파 정권과 이재명 같은 천박하기 이를 데 없는 자와 싸우더라도 뒷골목 양아치 수준으로 주먹다짐을 하라는 건 아니었다. 결국 정치는 말로 싸우는 것이다. 그런데 이 말이라는 게 참 어렵다. 나 또한 직업적으로 말을 하며 40년 가까이 살고 있는데 말이라는 게 갈수록 더 어렵다.

　말은 두 종류가 있다. '내가 하고 싶은 말'과 '대중이 듣고 싶어 하는 말'. 이 두 가지가 일치할 때는 문제가 되지 않는다. 내가 하고 싶은 말만 툭툭 던져도 그 말이 대중이 듣고 싶은 말이었으니 열광한다. 대표적인 사람이 전광훈이다.

　'아, 저 사람은 자기가 하고 싶은 말을 하는 것뿐인데 그 말이 곧 대중들이 듣고 싶어 했던 말이네.

참 운이 좋은 사람이다.'

나는 여러 번 그런 생각을 했다. 전광훈의 연설은 별로 힘이 들어가지 않는다. 그냥 하고 싶은 얘기를 편안하게 할 뿐이다. 그런데 그가 그렇게 하는 말이 대중들이 진짜 듣고 싶어 했던 말이었던 것이다.

반면 정치인들의 경우는 자기가 하고 싶은 말과 대중이 듣고 싶어 하는 말이 다를 때가 많다. 그는 '타협'을 얘기하고 싶은데 대중은 '투쟁'을 듣고 싶어 한다든가, 그는 '선별적 복지'를 얘기하고 싶은데 대중은 '보편적 복지'를 듣고 싶어 하는 것이다. 정치인은 대중이 듣고 싶어 하는 말을 빠르게 포착해 내는 능력이 뛰어나야 하며, 대중이 듣고 싶어 하는 말을 할 줄 알아야 한다.

고집 있는 정치인은 자기가 하고 싶은 말만 한다. 고집 부리면서까지 한다. 요행히도 그가 하고 싶은 말과 대중이 듣고 싶어 했던 말이 크게 배치되지 않으면 지지를 받게 되지만, 배치가 되는 순간 대중으로부터 외면받기 십상이다.

윤석열은 어떤 경우였을까. 제일 잘 싸우는, 그것도 말로 제일 잘 싸우는 사람으로서 국민들에게 선택된 사람이지 않은가. 그는 대체 어떤 말로 싸웠을까.

나는 윤석열이 전광훈과 같이 아주 운이 좋은 사람이라고 생각한다. 윤석열은 자기가 하고 싶은 말을 했을 뿐인데 그 말이 곧 대중이 듣고 싶었던 말에 해당되는 경우다.

윤석열의 생각

자, 한번 돌이켜 보자. 윤석열이 처음 우리 국민들로부터 "어, 저 사람 누구지?"라고 주목받기 시작한 게 언제인가. 국정원 댓글 사건으로 국회에 불려 나왔을 때였다.

"나는 사람에게 충성하지 않습니다.
조직에 충성합니다."

사람들은 그의 말에 주목하기 시작했다.

"어, 저 사람 누구지?
야, 강단 있네."

그럼 그 말은 당시 윤석열 검사가 '국민들이 이런 말을 듣고 싶어 할 거야'라고 짐작하고, 아니면 국민들에게 잘 보이기 위해서 자기 생각과 다르게 그 말을 꾸며서 한 말이었을까? 아니다. 그 말은 윤석열의 평소 생각이었던 것이다. 평소의 생각을 그냥 소리로 만들어 전했던 것이다. 그는 자기가 하고 싶은 말을 했을 뿐인데 그 말은 국민들이 듣고 싶었던 말이었던 것이다. 윤석열이 평소의 생각을 툭툭 던지듯이 하는 말들은 곳곳에서 찾을 수 있다.

윤석열의 대통령 취임사를 들여다보면 계속해서 언급되는 단어가 '자유'다. 이 말은 윤석열 스스로 평소에 생각하고 있었던 말이며, 하고 싶어 한 말이다.

자유

자유

그리고 자유

그 '자유'를 자유 우파 국민들만큼 듣고 싶어 하는 국민들이 또 있을까. 김종인이 삭제하고, 문재인 종북 주사파 정권이 '삭제'하려던 그 자유를 윤석열은 자신의 방식으로 너무도 자연스럽게 했다. 그러니 그 말을 듣고 싶어 했던 수많은 자유 우파 국민들은 열광할 수밖에 없었던 것이다.

한미 동맹 강화도 마찬가지다. 윤석열은 정말로 한미 동맹이 중요하다고 생각하는 것 같다. 적어도 속으로는 '아, 우리가 중국과 가까워져야 되는데 한미 동맹 강화를 얘기해야 하나? 어쩌겠어. 국민들이 한미 동맹 강화를 원하니 내키지 않지만 한미 동맹 강화를 강조하는 말을 해야지'라는 식의 계산속으로 했던 말은 아니다.

'한미 동맹 강화가
가장 중요한 외교의 핵이다.'

윤석열은 그렇게 생각했고 그 얘기를 하고 싶어 했다. 이 말 역시 자유 우파 국민들이 가장 듣고 싶어 하는 말이다. 북한에 대한 원칙적 대응이라는 생각도 윤석열과 자유 우파 국민들은 똑같이 갖고 있었다. 윤석열이 가장 하고 싶어 하고 강조하고 싶은 말은 자유 우파 국민들이 가장 듣고 싶어 하는 말인 것이다. 그런 점에 있어서 윤석열은 운이 좋은 사람이다. 자기가 하고 싶은 말을 자연스럽고 편안하게 하면 그 말을 들은 국민들이 열광한다. 그러니 대통령 윤석열의 말들은 어려울 게 없다. 국민들에게 주는 메시지가 아주 명징하다. 간략하고 압축적이지만 모두 이해가 잘된다. 옆에서 누가 해석해 줄 필요가 없다.

충청대망론, 그리고
이기는 법을 아는 사람

　　　　　　　제아무리 싸움을 잘하고, 대중이 듣고 싶어 하는 얘기를 잘해 주는 정치 지도자라도 그에게 믿음이 가지 않고, 싸움에서 꼭 질 것만 같다는 의심이 들면 지지할 수 있을까?

윤석열은 아니었다. 싸움도 잘했거니와 대중이 듣고 싶어 하는 말을 잘했으며, 반드시 이길 것 같은 믿음이 있었기에 자유 우파 국민들은 그를 지지했다.

자유 우파 국민들은 승리에 몹시 목말라 있었다. 이길 수만 있다면 누구라도 세워야 되겠다는 절박함이 분명 있었다. 그렇지만 아무리 윤석열이 문재인의 종북 주사파들과 잘 싸우고 대중이 듣고 싶어 하는 말을 귀에 쏙쏙 들어오게 잘했어도 이길 거라는 신뢰가 없었으면 지지하지 않았을 것이다.

윤석열은 경쟁력이 가장 높은 후보였고 이길 것 같은 후보였다. 여론 조사 지지율로도 나타났다. 윤석열이 후보 시절 끊임없이 국민들에게 알린 것 중의 하나가 '충청대망론'이었다. 윤석열 후보가 계산해서 전략적으로 한 것인지, 그냥 하고 싶은 말을 했는데 그렇게 됐는지는 잘 모르겠다. 이유야 어쨌든 그는 후보가 되면서부터 충청대망론을 얘기하고 다녔다. 대통령에 당선된 후에도 그랬다. 그는 2022년 6·1 지방 선거 때도 다음과 같은 말을 했다.

"그래도 내가 충남의 아들,
충청의 아들이라고 해서 대통령이 됐는데
충청도에서 도지사가 떨어지면 어떡합니까.
창피하잖습니까."

그래서였을까. 충남지사에 김태흠을 출마시켜 당선되게 했다.

그동안 우리나라의 대통령 선거는 지역 연합으로 결정이 되곤 했다. 자유 우파가 이기는 승리 공식은 영남 플러스 충청 연합이 구축될 때였다. 종북 좌파가 이길 때는 호남 플러스 충청 연합이 거나 호남 플러스 영남 일부였을 때였다. 윤석열은 정치권에 입문하면서부터 충청대망론을 들고 나왔다. 영남 기반 정당에서 경선을 하는 동안에도 후보가 충청대망론을 얘기했다. 영남 플러스 충청 구도. 굳이 말로 표현하지 않더라도 자유 우파 국민들이라면 누구나 상식적으로 계산이 가능했던 승리 공식이었다.

종북 좌파는 그들의 승리 방정식, 호남 기반 정당의 영남 후보를 또 들고 나왔다. 노무현과 문재인에 이어 종북 좌파들의 승리 공식인 호남 기반 정당의 영남 후보를 들고 나왔던 것이다. 경북 안동이 고향인 이재명. 그는 입만 열면 자기는 영남 사람이고, 경북 안동 사람이라고 떠들고 다녔다. 호남 기반의 영남 후보와 영남·충청 연합 후보 간의 대결이었다.

이재명은 영남 후보긴 한데 노무현·문재인과 달리 경북 출신이었다. 경북은 유권자 수가 적다. 더구나 자유 우파 결집도가 가장 높은 지역인데 종북 좌파 영남 후보의 고향이 하필이면 그 지역이었던 것이다. 노무현이나 문재인은 유권자 수가 많고 자유 우파 결집도가 대구·경북에 비해 상대적으로 약한 경남 김해·거제 출신이었다. 선거에서는 그런 작은 차이까지도 모두 영향을 끼친다. 자유 우파 국민들은 무릎을 치며 이렇게 생각하지 않았을까?

'영남·충청 연합하면 우리는 늘 이겼어.

윤석열이면 이길 것 같아.'

자유 우파 국민들은 공공연하게 윤석열을 이길 것 같은 후보라고 말하곤 했다. 그 믿음이 지나가던 표들도 붙잡아 오는 효과를 가져 왔다. 밴드 왜건 효과band wagon effect[16]가 작동되었던 것이다.

16　특정 유력 후보를 선정용으로 활용한다. 편승 효과.

윤석열이 충청대망론만으로 선거를 치른 것은 아니다. 충청권 표가 윤석열의 1차적인 기반이긴 했지만, 그 기반이 자유 우파 세력만큼 크다거나 강한 응집력이 있었던 것은 아니다. 부차적인 변수였다. 그러나 그것으로 충분했다. 윤석열의 충청대망론은 김종필 이후 오랫동안 상실감에 빠져 있던 충청인들을 격발하게 하는 동기 부여가 됐던 것이다.

혼돈의 해독제
적폐 청산

"윤석열이 대통령이 되면
경제·민생 이런 거는 어떨지 몰라도
문재인·이재명과 같은 종북 좌파 때려잡는 건
잘할 것 같아."

자유 우파 국민들이 특수부 검사 출신 윤석열에 대한 기대와 지지를 했던 가장 큰 이유다. 문재인 종북 주사파 정권 5년간 자유 우파 국민들이 얼마나 많이 핍박당하고 탄압을 받았나. 이제 그걸 적들에게 돌려 줄 차례였다.

자유 우파 내부에서도 윤석열에게 이런저런 문제들을 제기하고 있었다. 박근혜 대통령을 수사할 때 그의 역할은 무엇이었나. 부인 김건희와 관련된 의혹들도 여럿 있었다. 그에게 제기되었던 모든 문제와 의혹이 별것 아닌 걸로 정리돼 버린 것은 그가 대통령이 되면 좌파 척결하는 것 만큼은 잘할 수 있을 거라 믿어서였다. 백 번 자문해 봐도 문재인·이재명 종북 좌파 세력들을 척결하는 것 이상으로 중요한 문제는 없는 것 같다. 이런 것이 바로 시대 정신이다.

2022년 3·9 대선은 심판 선거였고, 분노 선거였다. 자유 우파 국민들의 심판의 힘과 분노의 힘이 윤석열을 대통령으로 만들었다. 그러니 대통령 윤석열이 종북 좌파 세력과 제대로 싸움도 하지 않고, 그가 하는 말이 자유 우파 국민들이 듣고 싶어 하는 말과 다르고, 적폐 청산을 하지 않아 국민적 기대가 충족되지 못하면 그때는 윤석열 정부에 위기가 찾아올 거라고 예측할 수 있다.

어느 정권이든 5년 내내 상승만 하다가 끝나지는 않는다. 상승이 있으면 하강이 있다. 또 다른 상승이 있으면 또 다른 하강이 있다. 위기는 한 번이 아니라 여러 번 찾아오게 돼 있다.

이 점을 윤석열 대통령과 정권의 핵심들은 깊이 성찰해야 된다.

고성국의 공産산당선언 원칙

자유 우파 국민은 왜 윤석열을 대통령으로 선택했나?

첫째, 자유 우파 국민들은 윤석열이 종북 좌파들을 상대로 제일 잘 싸웠다고 평가했다.

둘째, 운 좋게도 윤석열은 자기가 하고 싶은 말을 했을 뿐인데 그 말들이 곧 국민들이 듣고 싶어 한 말이었다.

셋째, 충청대망론이 받아들여지면서 영남·충청 연합 후보라면 반드시 이길 것 같다는 기대가 밴드 왜건 효과를 불러왔다.

넷째, '다른 건 몰라도 윤석열이 대통령 되면 문재인과 이재명 같은 종북 좌파들은 확실하게 척결할 수 있다. 청산 할 수 있다'라는 분노와 심판론이 민심과 접목되면서 윤석열 지지로 결집됐다.

성공 바이러스,
윤석열 리더십
스타일

보고 싶은 것만 보고, 듣고 싶은 것만 듣는
확증 편향의 반지성에 빠지는 것을 비판하면서
반지성 상태에서 벗어날 것을 계몽한다.

철학적 사유思惟[17]의
리더십

윤석열 리더십 스타일의 가장 큰 특징은 철학적 사유에 있다.

철학은 사물을 이해하는 방법이다. 복잡한 세상에서 뭐가 앞이고 뒤인지 헛갈리고, 겉과 속이 다르니 보이는 겉만 대충 보고 넘어가는 경우가 많다. 외관상으로 '저것은 사과, 이건 책상'이라고 보이는 대로 이해하고 넘어가는 경우가 허다하다. '사과처럼 만든 초콜릿 빵'일 수도 있고, '책상처럼 만들었지만 실제로는 침대'로 쓰는 것일 수도 있는데도 말이다.

사물의 본질을 정확하게 이해하는 일은 매우 중요하다. 겉으로는 사람이 좋아 보이는데 실제로는 사악한 사람이 있는 것처럼 겉이 아닌 사물의 본질을 이해하는 것이 필요하다. 그 판단과 성찰의 학문이 철학이다. 사물을 이해하는 방법론, 즉 철학은 근원적인 생각을 하게 만든다. 겉으로 보이는 걸 그냥 받아들이는 게 아니라 왜Why를 계속 던지게 한다.

왜 정당은 저렇게 자신들의

---

17   개념, 구성, 판단, 추리 따위를 행하는 인간의 이성 작용.

이해관계만 좇아 움직일까?

왜 사람은 정치적 욕심에 매몰되는 것일까?

왜를 계속 던지다 보면 좀 더 궁극적인 어떤 인식에 다다르게 된다. 그것을 지혜라고 한다. 세상을 깊이 이해하게 되는 것, 그것이 철학적 사유의 목적이다. 세상을 올바르게 이해하는 것이야말로 철학하는 궁극의 목적이다.

윤석열 대통령의 여러 연설문과 어법을 관찰해 보면 그가 보통의 정치인과는 많이 다르다는 점을 발견하게 된다. 부단히 철학적 사유를 하려는 경향이 확인된다. 대표적인 것으로 '검찰총장 취임사'와 '대통령 취임사'에 나타난 윤석열 스타일이다.

자유주의·반지성·합리성 등의 단어 자체가 철학적 사유다. 대개 이런 단어들은 철학적 사유를 해 나갈 때 사용된다. 윤석열의 말과 글을 보면 철학하는 사람으로서, 사물의 본질을 근원적으로 이해하려고 하는 사람으로서 그렇지 못한 사람들을 일깨우려는 계몽주의적 경향이 눈에 많이 띈다.

세상을 합리적으로 이해해야 되는데 많은 사람들이 확증 편향에 빠져서 산다. 자기가 듣고 싶은 것만 듣고, 보고 싶은 것만 보는 경향이 있다. 이것이 반지성이다. 그는 우리 사회에 팽배한 반지성을 비판적으로 지적하면서 그것으로부터 벗어날 것을 계몽한다. 보통의 정치인들은 이렇게 접근하지 않는다.

윤석열은 다르다. 보고 싶은 것만 보고, 듣고 싶은 것만 듣는 확증 편향의 반지성에 빠지는 것을 비판하면서 반지성 상태에서 벗어날 것을 계몽한다. 그렇기 때문에 그의 말은 그냥 한 번 듣고 지나칠 수가 없다. 다시 한번 돌아보고 생각하게 만든다. 철학적 사유는 철학하지 않는 사람들 입장에서는 좀체 이해하기 어렵다. 무슨 말인지 알아듣지 못할 만큼 괴리감이 크다. 자칫 다음과 같이 받아들이기 쉽다.

'저 사람은 대통령이잖아.

대통령인데 취임사에 굳이 반지성이 뭐고 이런 복잡하고

어려운 얘기를 하냐고.

그냥 대통령으로서 대한민국을 앞으로 이렇게 다스리겠다는

내용 몇 가지만 쭈욱 얘기하면 되는데

반지성이 어쩌고 뭐 이렇게까지 하냐고.

머리 아프게.'

철학을 하지 않은 사람들 입장에서 철학적 사유는 매우 난해하다. 낯설다. 한 사람이 일생을 살아가는 동안 철학적 사유와 담론을 구사하는 시간이 얼마나 되겠는가.

그렇게 낯선 화법이지만 대통령이 구사하게 되면 뭔가 뜻이 있고 중요한 거라 여겨 따라가려고 무던 애들을 쓸 것이다. 그렇지만 반지성을 이해하려면 지성의 역사와 반지성의 역사, 반지성을 지성으로 계몽하려는 19세기 이래의 계몽주의 역사에 대한 어느 정도의 이해가 선행되어야 한다. 쉬운 일이 아닐 것이다.

대다수 사람들에게 굉장히 낯설고 어려운 담론인 철학적 사유는 정치인들이 웬만해서는 접근하지 않는 방식이다.

정치 지도자가 철학적 담론을 구사한다.
그리고 그것을 국민들이 이해하고 상호 작용한다.

이 같은 철학적 사유로 윤석열 정부가 성공한다면 이는 그야말로 획기적인 대사건이 될 게 틀림없다.

강력한 추진력

철학적 사유에 익숙한 사람은 어떠한 문제든 근원적으로 사고한다. 마침내 어떤 결론에 도달했을 때 그는 그 결론에 확신을 갖고 강력한 행동을 일으킨다. 피상적 지식이 아닌, 철학적 사유로 얻은 결론은 절대적 진리로 간주된다. 결론에 대한 확신이 강하니 강력한 추진 의지가 생길 수밖에 없다.

대통령 집무실 이전 과정을 돌아보자. 윤석열의 강력한 추진력이 느껴질 것이다. 이 문제는 실용적으로 접근해서는 이해가 안된다. 청와대를 국민들에게 개방하고 대통령 집무실을 용산으로 옮기는 과정에서 윤석열은 직접 국민에게 설명했다.

청와대라고 하는 구조는 국민들과 권력을 분리시켜 놓았다.

대통령은 구중궁궐 같은 청와대에 갇혀 군림함으로써

권위주의적 통치를 계속하여 재생산해 왔다.

심지어 비서들과도 높은 벽을 두었다.

그런 청와대에는 단 하루도 들어가기 싫다.

얼마나 강한 의지 표현인가. 단 하루도 청와대에 들어가기 싫다고 하지 않았나. 윤석열은 문재인 종북 주사파 세력의 온갖 방해에도 흔들리지 않았다. 만약 '해도 좋고 안 해도 그만이지만 기왕이면 하고 싶다'는 정도의 생각이었다면 불가능했을 일이다. 반드시 해야만 되는 어떤 필연적인 결론을 스스로가 내렸기 때문에 집무실 이전을 관철했던 것이다.

대통령 집무실 이전을 결심하게 한 윤석열의 필연적인 결론은 무엇이었을까.

청와대는 70~80년에 걸친 권위주의 통치의 살아 있는 상징이자 구조화한 공간이다. 윤석열은 그런 권위주의 통치를 거부했던 것이다. 비서들과 격의 없이 함께 일하고 국민들과도 언제든지 만나며, 언론과도 자유롭게 소통하기를 바랐다. 이 같은 생각을 갖고 있기에 윤석열이 청와대라는 권위주의적 구조를 거부하는 것은 필연적일 수밖에 없었다. 종북 좌파들이 집무실 이전 예산을 두고 장난치고 언론을 이용해 비방해도 흔들림 없이 밀어붙일 수 있었던 이유다. 그 추진력의 바탕에는 청와대를 국민들에게 돌려주며 '국민 속'으로 들어가려는 철학적 고민과 결론이 있었다. 집무실 이전은 윤석열이 국민 속으로 들어가려는 탈권위주의 첫 번째 실천이었던 것이다.

오랜 철학적 사유와 성찰 끝에 얻은 결론이었기에 윤석열은 대통령실 이전을 흔들림 없이 밀어붙일 수 있었다. 그의 이런 확신과 강력한 추진력은 철학적 사유가 긍정적 측면으로 작용한 사례다. 동시에 부정적 측면도 내재돼 있다. 만약에 잘못된 철학적 추론으로 잘못된 결론을 갖게 됐을 때는 예상치 못한 참변이 벌어질 수도 있다. 잘못된 방향으로 확신을 갖고 밀어붙일 수도 있는 위험성이 있는 것이다.

따라서 윤석열에게는 바로 이런 철학적 추론과 철학적 사유, 그리고 근원적 문제의식을 상시적으로 검증할 자문 그룹이 절대적으로 필요하다. 한번 결심하면 좌고우면左顧右眄[18]하지 않는 스타일이기에 결론 전에 다양한 형태의 크로스 체킹은 반드시 필요하다.

개인의 취향
가치 지향이냐,
이념 지향이냐

윤석열의 '자유'는 수사가 아니라 가치 지향성에 가깝다. 그것이 '자유주의'와 '자유 민주주의'로 가면 이념 지향성이 된다. '자유'가 '자유 민주주의'와 '자유 시장 경제' 그리고 '자유 우파'로 가는 순간, 진영이 형성되는 것이다.

지금 우리는

가치 투쟁을 하고 있는가.

이념 투쟁을 하고 있는가.

우리는 지난 70~80년 동안 진행해 왔던 이념 투쟁을 끝내지

---

18 앞뒤를 재고 망설임을 이르는 말.

못한 채 그 마지막 대회전에 진입해 있는 상황이다. 그러니까 우리는 이념 전쟁 프레임에서 자유로울 수 없다. 이념 전쟁과 이념 지향. 우리는 좋든 싫든 이 진영 논리를 받아들일 수밖에 없다. 내 개인적으로는 한시라도 빨리 진영 전쟁을 승리해 진영 논리로부터 자유롭고 싶다. 하지만 현재 나의 유튜브 활동과 정치 평론은 이념 지향성이 존재하는 진영 논리를 받아들인 위에 전개해야 한다. 그것이 현실이다.

죽거나 그 현상이
사라지거나

윤석열, 대통령 1년. 그 사이 더욱 분명해진 것은 그의 '자유'와 '자유주의 철학'이 정치인들이 흔히 구사하는 레토릭rhetoric[19]이 아니라는 사실에 있다. '자유'는 윤석열이 철학으로 오랫동안 품어 왔던 핵심 가치이자 이념 지향이다.

검찰총장 취임사, 대통령 취임사, 신년 기자회견, 직접 주관한 국무 회의나 비서관 회의 등에서의 발언들을 보면 자유주의 철학

---

19   화려한 문체나 다소 과장되게 꾸민 미사여구.

고성국의 공산당선언

은 그의 가장 핵심적인 가치로 일관된 정책 기준이 되고 있다. 노동 개혁도 자유주의 철학에 바탕을 두고 추진하고 있어서 일회성으로 끝내는 게 아니라 끝까지 밀어붙일 것이다.

노동 시장은 자본과 노동이 자유로운 계약으로 이루어져야 정상이다. 그런데 민노총 등 강성 귀족 노조가 자유 계약 원칙을 파괴하고 자신들의 기득권을 앞세워 다수의 힘으로 밀어붙이는 바람에 자유로운 시장 경제가 파괴됐다.

윤석열이 생각하는 노동 개혁은 노동과 자본 간의 계약이 자유롭게 이루어져 시장 경제를 회복하는 것이고, 그러기 위해서는 노동과 자본 관계에 자유 시장 경제 원칙이 관철되어야 한다. 그것을 방해하는 일체의 행위는 법으로써 엄격하게 규제되어야 한다. 이것이 윤석열의 노사 법치주의다.

윤석열은 노사 법치주의가 무너졌다고 봤다. 강성 귀족 노조의 떼법에 의해서. 자유로운 시장 경제 질서 자체가 무너졌기 때문에 자유 민주주의와 시장 경제 전체가 위협받고 있다. '자유 민주주의'와 '시장 경제'라는 대한민국의 기본 원리가 파괴된 것이다. 이걸 바로잡는 일이기에 노사 법치주의는 절대 양보할 수 없는 개혁 과제가 아닐 수 없다. 이 개혁 과제를 임기 말까지 추진하겠다는 것은 그가 대통령 임기 중에 이것 하나만 제대로 정리해도 자신은 뜻 있는 역할을 하는 것이라고 확신하고 있다는 의미다.

그런 의미에서 윤석열에게 자유와 자유주의 철학은 정치인 윤석열, 대통령 윤석열을 움직이는 가장 근원적인 원동력이다.

흔히 듣게 되는 정치인들의 연설에는 자유, 평등, 평화 같은 좋은 단어들이 정치적 수식어로 붙는데 윤석열은 다르다. 자유는 그에게 정치적 수사가 아니라 핵심 가치다. 그것도 철학적 사유의 결과 도출된 신념이므로 확고부동한 이념 지향인 것이다. 어떤 상황이 윤석열의 자유주의 철학에 배치될 때는 '그가 죽거나그 잘못된 현상이 사라지거나' 둘 중 하나가 아닐까?

그런 점에서 윤석열은 자유주의 철학 대통령으로서 위치할 수있는, 충분한 조건을 갖추고 있다. 자유주의자 '대통령 윤석열'의 주관적 조건은 충만하다. 그러나 정치적 성과는 주관적 조건과 객관적 조건이 결합했을 때 나타난다. 객관적 조건이 실현될지는 두고 봐야 할 일이다.

만기친람형[20]
리더십

윤석열을 겪어 본 사람들은 이구

---

20 임금이 모든 정사를 친히 보살핌.

동성으로 이런 평가를 한다.

학습 능력이 엄청 좋다.
업무 파악이 굉장히 빠르다.

나 역시 공감한다. 그렇지만 이런 평가가 좋기만 한 것일까. 대개 학습 능력이 뛰어나고 업무 파악이 빠른 사람들은 현장에서의 업무 장악력도 높다. 그런 사람일수록 만기친람형 행태를 보이기 십상이다. 자기가 제일 잘 알고 정보도 많아서 최고라고 생각하기 때문이다. 그러다 보니 자기보다 못한 사람들에게 결정을 맡길 수가 없게 된다. 윤석열도 수석 비서들이나 장관들에게 결정을 위임하기란 쉽지 않을 것이다. 자기보다 못한 사람에게 어떻게 국가 경영을 완전히 위임할 수 있겠나. 결국 대통령이 모든 것을 직접 결정하는 만기친람형 리더십으로 가게 되는 것이다.

이명박은 실물 경제에 밝아서 천만 단위까지 직접 예산을 챙겼다고 한다. 자기가 가장 잘 아는 분야였으니 그랬을 테지만, 대통령이 그런 식으로 국정 전반을 하나하나 직접 챙기기 시작하면 예상치 못한 부작용들이 야기된다. 아무리 대통령이 실무를 잘 안다 해도 그 분야의 실무 담당 과장들보다 잘할 수는 없는 노릇이다. 거기에 대통령과 과장들 사이에 끼어 있는, 대통령실의 비서실장·수석 비서관·행정관과 내각의 총리·부총리·장관·국장들 모두가 바보가 되고 만다.

비서실장은 심부름하는 비서로 전락한다. 대통령이 겉으로는 그들을 어떻게 대하든 속으로는 자신을 보좌하는 사람이 아닌, 심부름하는 사람으로 인식하게 될 가능성이 높다.

이것은 대통령만의 잘못은 아니다. 대통령보다 업무 능력이 못한 사람이 보좌하겠다며 곁에 있는 사람들의 책임이 더 크다. 대통령보다 현장 실무 능력이 떨어지는데 무엇을 어떻게 보좌한단 말인가. 그저 옆에서 있다가 시키는 심부름이나 하는 수밖에. 대통령의 비서들과 장관들이 실질적인 보좌를 하는 게 아니라 심부름꾼으로 전락하는 순간, 국정 시스템은 제대로 작동하지 못한다.

시스템은 권한을 주고 책임을 묻는 것이다. 만기친람형은 모든 권한을 대통령이 직접 행사하고 책임은 비서들이나 장관들이 지게 돼 있다. 어느 바보가 권한도 행사하지 못하는 데 책임지겠다고 하겠는가.

업무 파악이 빠르고 학습 능력이 뛰어난 리더십일수록 만기친람형으로 변질될 위험성이 매우 크다. 그 순간 시스템 붕괴가 시작될 가능성이 높다. 이 점을 윤석열 스스로 끊임없이 경계하고 예방해야 한다.

대통령의 비서실장 이하 비서관들, 한덕수 총리와 장관들은 적어도 자신이 책임진 분야에서 만큼은 대통령보다 더 전문성을 갖기 위해 끊임없이 노력해야 된다. 대통령으로부터 패싱당하지 않고 결과적으로 무시당하지 않기 위해 피나는 노력을 해야 된다.

위기관리 능력

사람이 하는 일이고 사람이 하는 정책이기에 대통령 재임 5년 동안 실수가 없을 수 없고, 위기가 오지 않을 수 없다. 위기는 어떤 형태로든 오게 돼 있다. 일찍 오는 위기, 늦게 오는 위기, 심각한 위기, 가볍게 오는 위기. 위기는 앞으로도 수십 번 더 올 수 있다. 문제는 위기가 왔을 때 어떻게 관리하고 극복하느냐다.

위기관리를 위해서는 많은 위기를 겪으면서 실패도 해보고 성공도 해본 경륜과 경험의 노하우가 필요하다. 하늘 아래 완전히 새로운 위기는 없다. 잘 들여다보면 어떤 것은 문재인 종북 주사파 정권에서 있었던 위기와 비슷할 것이고, 또 어떤 것은 박근혜 정부 때 있었던 위기와 비슷한 위기들일 것이다. 그럴 때는 당시 어떻게 해서 위기관리에 성공했는지, 어떻게 하다가 위기관리에 실패했는지를 되짚어 보면서 경험과 경륜 그리고 그걸 직접 다루어 본 사람들의 노하우를 적극 활용해야 한다.

윤석열은 지금껏 위기를 겪은 적이 별로 없다. 문재인이 조국·추미애·박범계 등을 시켜 탄압하는 과정에서 저항하고 투쟁했지만, 그것은 윤석열에게 위기라기보다는 기회였다. 윤석열은 최고 지도자로서 위기를 관리해 보고 이를 극복해 본 경험은 없다. 대통령 주위에 있는 사람들도 진정으로 위기관리를 해봤거나 위기 극복을 해본 사람들이 별로 없는 것으로 보인다.

위기가 찾아왔을 때 실은 별것 아닌데도 정권이 크게 흔들리는 경우들이 종종 있다. 위기관리의 경험이 없기 때문이다. 위기의 길목만 잡고 있었으면 2~3일 고생하다 넘어갈 수 있는 일인데도 그 길목을 잘못 잡는 바람에 한 달씩 끌고 가는 경우도 있다.

이명박 정부 때 광우병 파동은 종북 좌파들의 극렬한 공격 사례다. 동시에 이명박이 얼마나 이런 위기에 취약했는가를 잘 보여 주는 위기관리 실패의 사례이기도 하다. '명박 산성'은 능력 없는 자들에게 둘러싸인 대통령이 어떻게 위기를 증폭시키는 멍청한 대책만을 세우는지를 잘 보여 주고 있다.

윤석열에게도 크고 작은 위기는 올 것이다. 그 위기를 극복하는 과정에서 대통령과 정부는 오히려 더 강해질 수 있다. 위기를 전화위복으로 전환시킬 만한 결기와 경험과 노하우를 갖춘 위기관리 팀이 대통령과 정부에 구비되어 있는지 점검해야 한다.

고성국의 공산당선언 원칙

윤석열의 리더십 스타일은 무엇인가?

철학적 사유를 하려는 경향이 있다. 철학적 사유로 얻은 결론에 대해서는 강한 확신과 강력한 추진력이 있다. 그가 추진하는 노동 개혁 정책은 철저히 자유주의 철학에 바탕을 두고 있다. 많은 사람들이 매우 높게 평가하는 업무 파악 능력이 빠르고 학습 능력이 뛰어나다고 하는 점은 오히려 윤석열 대통령에게 위기적 요소가 될 수도 있다.

왜? 너무 잘하다 보면 만기친람형 리더십으로 변질될 위험성이 크기 때문이다. 만기친람형 리더십으로 변질되지 않으려면 비서실 실장 이하, 총리 이하 장관들이 죽을힘을 다해 대통령에 뒤처지지 않도록 노력해야 한다.

그래도 찾아올 위기를 전화위복의 계기로 삼아서 더 강한 대통령과 정부로 전환시킬 위기관리의 결기와 경험과 노하우를 갖춘 위기관리 팀이 가동될 필요가 있다.

지금 우리에게
필요한 것은
대한민국의 성공

수십 년간에 걸쳐 뿌리박고 있는
종북 좌파 적폐를 청산해 달라.

어떤 절박함인가

한 정권이 성공한다는 것은 쉽지 않다. 역대 대통령과 정부 중에 과연 성공한 정부라고 당당하게 애기할 수 있는 정부가 있는가. 없다. 그럼에도 불구하고 자유 우파는 기적같이 출범한 윤석열 정부를 반드시 성공하게 할 의무가 있다.

'대통령을 만들어 주고 정권 출범을 시켰으면 됐잖아.

그다음은 윤석열이 알아서 하는 거지,

우리가 거기까지 책임져야 되냐?'

정권의 성공은 작게 보면 윤석열 대통령과 윤석열 정부의 성공이지만 조금만 넓게 보면 자유 우파 국민의 성공이다. 자유 우파는 언제 어디서나 대한민국을 책임지는 주류다. 자유 우파가 세운 정권, 윤석열 정부의 성공은 곧 대한민국의 성공이다. 지금 우리에게 필요한 것은 대한민국의 성공이다.

자유 우파가 문재인 종북 주사파에게 정권을 내준 게 6년 전이 었다. 그 6년 동안 대한민국은 심각하게 후퇴했다. 무한 경쟁 글로벌 시대에 제자리걸음은커녕 끝없이 후퇴했다. 천만다행으로 국운이 아직 다하지 않아서인지 5년 만에 종북 주사파 정권을 끝냈다. 여기서 한 번 더 종북 주사파에게 정권을 빼앗긴다면 대한민국은 선진국 대열에는 영영 들어가지 못하고 체제 붕괴, 대한민국 소멸의 나락으로 떨어질 수도 있다.

이미 5년을 뒷걸음질을 쳤던 대한민국이다. 어떻게든 다시 앞으로 나아갈 수 있도록 해야 한다. 10년 넘게 국민소득 3만 달러에 묶여 있는 상태가 아닌가. 정체, 후퇴의 사슬을 끊고 획기적인 발전을 이루어 내야 한다. 그러기 위해선 2024년 총선 승리와 2027년 정권 재창출로 적어도 10년간은 자유 우파가 일관성 있는 국정 운영을 해야 한다. 그래서 윤석열 정부의 성공은 곧 대한민국의 성공이다. 조건 없이 윤석열 정부가 성공해야 된다고 생각하는 이유도 윤석열 정부의 성공이 바로 대한민국의 성공이기 때문이다.

이승만 대통령의 건국과 박정희 대통령의 근대화, 그리고 노태우·김영삼 정부의 민주화 그 연장선에서 이제 선진화를 이루어 내야 될 대한민국이 그 문턱에서 주춤거린 지 벌써 10년. 이것을 훌쩍 뛰어 넘는 윤석열 정부의 성공과 2027년 자유 우파 정권의 재집권을 반드시 다시 만들어 내야 한다. 이 같은 당위론적 주장을 넘어 자유 우파가 윤석열 정부를 성공하게 만들어야 할 구체적인 이유는 다음과 같다.

공포의 기호,
'패배'

윤석열 정부가 실패했다고 가정해 보자. 그 혹독한 후폭풍을 과연 자유 우파가 버텨 낼 수 있겠는가. 자유 우파 정권이 국가 경영에 실패하고서 어떻게 국민들에게 한 번 더 기회를 달라고 손을 내밀 수 있단 말인가.

윤석열 정부가 실패하면 2027년 정권 재창출도 어려워질 것이다. 5년을 실패해 놓고 무슨 염치로 또 기회를 달라며 국민들에게 말할 수 있겠는가. 후안무치한 종북 좌파들은 그러겠지만 자유 우파는 그럴 수가 없다.

윤석열 정부가 실패하고 그리고 정권 재창출에도 실패했을 때 벌어질 상황을 잠깐만 상상해 보라. 앞이 캄캄해 갈피를 잡을 수 없을 것이다. 윤석열 정부가 실패하고 2027년에 종북 주사파에게 다시 나라를 뺏긴다면 문재인 5년보다 훨씬 가혹한 정치 보복과 탄압이 밀려올 것이고, 대한민국체제 붕괴는 가속될 것이다.

자유 우파는 어떤 경우에도 윤석열 정부가 성공하게 해야 된다. 반드시 윤석열을 성공한 대통령으로 만들어야 하는 것이다.

종북 좌파 척결과
대한민국 대청소

　　　　　　　무도한 문재인 종북 주사파 세력의 폭압적 통치로 대한민국은 헤아릴 수 없이 많은 좌파 적폐들을 양산해 냈다. 사회 곳곳이 종북 좌파 세력의 불법·편법·무법적 통치와 기생으로 인해 병들지 않은 곳이 없을 지경이다.

　대한민국이 선진국으로 도약하기 위해서는 지난 종북 좌파 폭정 과정에서 양산된 적폐들을 하나하나 씻어내야 한다. 대충 물만 끼얹고 겉만 닦아내서는 안 된다. 완전히 분해해서 속속들이 들어찬 종북 좌파의 찌꺼기들을 다 솎아내고 다시 기름칠하고 조여서 대한민국을 완전히 재구조화해야 한다.

　교육 현장을 보라. 이게 정상적인 교육 현장인가. 전교조와 종북 좌파 세력이 지배하는 교육 현장에서 자라나는 우리 아이들에게 20년, 30년, 50년 후의 대한민국을 믿고 맡길 수 있겠는가.

　노동 현장은 또 어떤가. 민노총의 철 밥그릇이 오로지 자기들만의 기득권을 위해 90퍼센트 가까운 비정규직을 내팽개치고 있지 않은가. 시도 때도 없이 기득권 유지를 위해 투쟁을 일삼는 이 고약한 노사 관계의 현장을 언제까지 내버려 둘 것인가. 그리고도 과연 대한민국 경제를 획기적인 선진 경제로 도약시킬 수 있겠는가.

언론 현장도 마찬가지다. KBS, MBC를 비롯해 종편 언론사와 신문사 등이 지난 6년간 어떤 짓을 했는가. 정론 방송은 온데간데 없이 사라졌고 정론 직필은 가뭄에 콩 나듯이 밖에는 찾아볼 수가 없다. 곡학아세로 권력에 아부만 하지 않았나. 대한민국의 적화를 위해 대놓고 사회를 혼란시키고 선동질 해댄 언론들이다. 이런 언론을 그냥 놔둔 채 자유 민주주의가 정상적으로 발전하고 꽃피울 수는 없는 노릇이다.

문화계 역시 심각하다. 종교계는 또 어떤가. 끊임없이 종북 좌파들의 선전과 선동 기술 위에서 양산되는 정체불명의 영화·드라마·음악 그리고 종교적 후원들. 이런 것을 그냥 놔둔 채 어떻게 대한민국 국민이 온전한 정신으로 살아갈 수 있겠는가.

자유 우파 국민들은 윤석열 정부에 많은 걸 기대하지 않는다. 딱 하나, 우리 사회를 오염시킨 '종북 좌파 적폐를 청산'하는 것뿐이었다. 윤석열을 대통령으로 만든 가장 큰 이유였다. 그래서 한동훈을 법무부 장관으로 발탁했을 때도 자유 우파 국민은 흔쾌하게 동의하고 박수치고 지지했다. 심지어 한동훈 현상이라는 새로운 팬덤까지 나타났다. 종북 좌파 적폐를 청산해 달라는 간절함으로.

수십 년간에 걸쳐 뿌리박고 있는
종북 좌파 적폐를 청산해 달라.

윤석열과 한동훈에 대한 지지의 본질은 종북 좌파 적폐 청산에 있었다. 정권이 성공해야 종북 좌파 적폐 청소가 가능해진다. 윤석열 정부가 성공하지 못하면 무슨 힘으로 종북 좌파 적폐와 싸우겠는가. 대통령이 힘이 있어야 그들을 조사하고 수사하고 기소하고 사법적 처리까지 끌고 갈 수 있다.

자칫하면 저들의 강고한 진지와 치밀한 전략에 역풍을 맞아 정권이 위태롭게 될 수도 있다. 윤석열이 탄핵되지 말라는 법이 없다. 수십 년에 걸친 종북 좌파 적폐를 제대로 청산하기 위해서라도 윤석열 정부를 반드시 성공하게 만들어야 한다.

제대로 된
진지 구축

자유 우파와 종북 좌파의 마지막 이념 전쟁은 길거리에서 벌어지지 않는다. 때로는 광화문에서, 때로는 서초동 길거리에서 기동전 형태로 전개되겠지만 99퍼센트 전쟁은 거리가 아닌, 사회 곳곳에 구축된 진지전을 통해 진행될 것이다.

교육 현장을 종북 좌파들의 전교조가 장악하고 있다면 자유 우파는 교육감을 앞세워 전교조를 무력화해야 한다. 10퍼센트도 안 되는 정의구현사제단과 KNCC 같은 종북 좌파 종교인들이 종교 전체를 대표하는 것처럼 설레발치면 한기총이나 평신도협의회와 같은 자유 우파 종교인들을 앞세워 맞대응해야 된다.

종북 좌파들이 별것도 아닌 한두 마디를 가지고 개념 연예인이라고 추켜세우는 좌편향 연예인들이 설치고 다니면 2022년 대선 과정에서 당당하게 이름 걸고 윤석열의 선거 운동에 나섰던 자유 우파 대중 연예인들을 전면에 포진해 싸워야 한다.

종북 좌파들에게 '민변'이 있다면 자유 우파에게는 '한변'이 있다. 종북 좌파들의 '참여연대'가 있다면 자유 우파의 '신자유연대'가 있다. 자유 우파의 이런 진지들을 하나하나 강력하고 견고하게 구축해야 된다. 그러려면 시간이 필요하다.

종북 좌파들만큼 수십 년이 필요한 건 아니지만 그래도 3~4년에서 6~7년은 필요하다. 그걸 위해 반드시 윤석열 정부는 성공해야 하고, 2027년 자유 우파 정권 재창출을 꼭 이루어 내야 한다. 일단 한번 구축된 진지는 자생력을 갖는다. 예전처럼 관변 단체가 힘을 쓸 수 있는 시대가 아니다. 정부에서 예산과 지원금을 나눠 주며 필요할 때마다 동원하는 관변 단체들만으로는 종북 좌파의 진지들에 대항할 수 없다.

자유 우파가 정권을 잡았으므로 '한국자유총연맹', '바르게살기운동중앙협의회', '새마을운동중앙회'와 같은 단체들도 자생력

을 갖는 자유 우파 단체로 변화해야 할 시점이다. 그러기 위해서
는 혹독한 자기 쇄신이 필요하다. 동시에 문재인 종북 주사파 정
권 5년 동안 목숨 걸고 투쟁해 온 자유 우파 시민 사회단체들과
활동가들이 사회 곳곳에서 제대로 진지를 구축하고 목소리를 낼
수 있게 적극적으로 호응하고 연대하며 지원해야 한다. 윤석열
정부가 성공해야 하는 또 다른 이유다.

확실한 대권 주자로
2027년 정권 재창출을

윤석열 정부가 성공하면 정권 재
창출이 쉬워진다. 불행히 윤석열 정부가 실패한다 하더라도 자유
우파가 정권 재창출을 위해 도전하지 않을 수 없지만 윤석열 정
부가 성공하여 정권 재창출에 도전하는 것보다 10배 이상 힘이
들 것이다.

정권 재창출의 확률을 높이고 정권 재창출을 용이하게 하려면
윤석열 정부는 반드시 성공해야 한다.

정권 재창출을 쉽고 확실하게 하려면 뭘 해야 될까. 확실한 대
권 주자를 키워야 한다. 종북 주사파가 키워 준 윤석열과 최재형
같은 대권 주자가 아닌, 자유 우파 진영 안에서 발굴하고 키워 내

는 대권 주자들로 2027년 정권 재창출에 나서야 된다.

대한민국의 독특한 정치 문화와 정치의식에는 이른바 '감(짧)'이라고 하는 게 있다. 기준이 뭔지는 제대로 분석된 적이 없지만 "저 사람, 아직 대통령 감이 아닌 것 같아. 저 사람, 대통령 감이야"라고 하는 '감'에 대한 공감은 분명히 있다.

어떤 사람은 대통령 '감'이고 어떤 사람은 대통령 '감'이 아닌 것일까. 결국은 정치적 중량감에 있지 않을까. 그 정치적 중량감에 따르는 대중적 인지도와 지지도. 국회의원을 여러 번 했거나 장관이나 총리를 지낸 사람들은 거의 자동적으로 대통령 감으로 분류가 된다. 서울시장이나 경기지사 같은 큰 광역단체장을 지낸 사람들도 거의 자동적으로 대통령 감으로 받아들여진다.

윤석열과 자유 우파는 바로 그런 지위와 활동 기회를 이용해 대통령 감들을 발굴하고 키우게 할 수 있다는 뜻이다. YS는 그런 기회를 적극적으로 활용해 9명의 차기 대권 주자를 키워 냈다. 세간에서는 이를 두고 구룡이라고 불렀다. 그중에 총리를 지낸 사람이 절반쯤 된다. 이회창·이홍구·이수성·이한동 등. 대통령이 기회를 주지 않았으면 그들이 무슨 수로 총리를 했을까. 그런 점에 있어 차기 대권 주자들을 발굴 육성하고 관리하는 것은 윤석열이 감당해야 하는 가장 중요한 정치적 책무 중 하나라 할 수 있다.

그러려면 우선 윤석열이 성공한 대통령이 돼야 한다. 실패한 대통령이 누군가에게 기회를 준다는 것은 어불성설이다. 오히려 차기 대권 주자들이 손사랫짓을 할 것이다. 정권 재창출의 핵심인 차기 대권 주자들을 발굴하고 배출하기 위해서라도 윤석열 정부는 반드시 성공해야 한다. 대통령이 갖고 있는 강력한 권한을 차기 대권 주자들을 발굴하고 육성하는 쪽으로 쓰기 위해서라도 그렇다.

고성국의 공산당선언

고성국의 공幸산당선언 원칙

윤석열 정부는 왜 성공해야 되는가?

아주 원론적으로는 대한민국이 성공하기 위해서다.

첫째, 실패 시 후폭풍이 너무나 크다.

둘째, 종북 좌파 적폐를 제대로 청산하고 대청소하기 위해서.

셋째, 자유 우파 진지를 강력하고 강고히 구축하기 위해서.

넷째, 차기 정권 재창출을 위한 핵심인 차기 대권 주자들을 발굴 육성하고 관리하기 위해서.

II
장

2024 총선,
절박한 문제들

총선 승리 전략의 첫 번째는
대통령의 지지율을 50퍼센트로 유지하는 것이다.
그것으로 종북 좌파들의 정권 심판론을 무력화하는 것이다.
이것이 총선 승리의 첫 번째 전략이다.

어떤 것부터
시작하나

윤석열의 대통령 임기 2년이 되는 2024년 4월에 총선이 치러진다. 어떻게 해야 '2024 총선'을 자유 우파가 승리할 수 있을까.

대통령 선거는 우리나라를 앞으로 어떻게 이끌어 갈 것인가를 기준으로 선택하는 '전망 선거'라 하고, 총선과 지방 선거는 정권이 출범한 후 대체로 2~3년 차에 치러지기 때문에 정권의 지난 시기 성적을 평가하는 '회고 선거'로 본다. 대통령 선거는 전망 선거고, 국회의원을 뽑는 총선은 회고 선거다. 대통령 선거는 우리의 미래를 선택하는 정부를 고르는 것이고, 국회의원 총선은 정권의 지난 시기 점수를 평가하는 심판 선거다.

2024년 국회의원 총선은 윤석열 정부 집권 후 2년쯤 지났을 때 치르게 되는 것이니 2년간의 성적표를 받아드는 셈이다. 중간 평가 성격의 선거가 될 수밖에 없다.

2022년 6·1 지방 선거가 윤석열 정부가 출범한 지 20여일밖에 안 된 상황에서 치러지게 되자 종북 좌파들은 차마 정권 심판 프레임을 들고 나오지 못하고 "윤석열 정부를 견제하자"라는 정권 견제 프레임을 들고 나왔다. 윤석열 정부를 견제하기 위한 선거로 몰아가려 했던 것이다. 그러자 이제 막 출범한 정권을 두고 무슨 심판이고 견제냐 하는 여론이 팽배했다. 종북 좌파들의 선동질이 먹히지 않았다. 오히려 "힘을 실어 주자"에 무게가 실렸다.

그렇지만 2024년 총선은 다르다. 윤석열 정부 출범 2년차에 치러지는 선거로 "심판하자", "평가하자"라고 하면 "아니다"라고 말하기 어렵다. 그럴 땐 별 수 없다. 심플하고도 제일 좋은 방법은 "그래 좋다. 한번 평가해 보자!"라며 맞장 뜨는 수밖에. "그래, 어디 심판 한번 해봐!"라고 맞장 뜨기 위해선 대통령의 높은 지지율이 필요하다. 최소한 50퍼센트 이상의 국민 지지를 받고 있어야 맞장 뜨는 것이 가능해진다. 그래야 "더 힘을 실어 달라"고 맞장 뜨면서 2024년 총선을 주도할 수 있다.

앞의 10장에서 거듭 거듭 언급한 것처럼 윤석열 정부를 성공시켜야 될 이유가 여기에 있다. 총선에서 이기기 위해서는 무조건, 반드시 윤석열 정부가 성공해야 한다.

2024년 총선을 앞두고 각종 여론 조사가 진행될 것이다. 이때 대통령의 지지율과 국정 운영 수행 평가가 최소한 50퍼센트는 넘어야 한다. 그래야만 "심판하자. 한번 해보자. 성적표 한번 대조해 보자"라고 제대로 맞장을 뜰 수 있지 않겠나.

정권 심판론의
무력화

2024년 총선에서 이기기 위한 첫 번째 전략은 종북 좌파들이 들고 나올 것이 빤한 '정권 심판론'에 맞장 뜰 수 있을 정도의 대통령 지지율을 관리하는 일이다. 가능할까? 물론 가능하다. 나라를 망친 문재인도 퇴임 때까지 40퍼센트를 유지하지 않았나. 그와는 비교도 할 수 없을 정도의 탁월한 리더십을 갖춘 윤석열이므로 자신의 능력을 마음껏 발휘해 지지율 50퍼센트를 넘기면 된다. 충분히 가능한 일이다.

지지율과 국정 수행 평가에서 50퍼센트가 넘는 자유 우파 정권을 향해 종북 좌파들이 "정권 심판하자"며 달려들 때 자유 우파 국민들은 역으로 종북 좌파들을 심판하면 되는 것이다. 즉, 총선 승리 전략의 첫 번째는 윤석열 대통령의 지지율을 50퍼센트로 유지하는 것이다. 그것으로 종북 좌파들의 정권 심판론을 무력화하는 것이다. 이것이 총선 승리의 첫 번째 전략이다.

우연한 발견도 가능한
인재 풀 양성

심판받는 입장에서 선거를 치르

는 일은 결코 쉬운 일이 아니다. 예상치 못한 많은 어려움이 나타날 것이다. 공격하는 쪽보다 방어하는 쪽이 훨씬 어렵다. 심판하는 쪽보다 심판받는 쪽이 더 어렵다. 이 방어를 위해 대통령 지지율 50퍼센트가 절대적으로 필요한 것이다. 대통령의 지지율이 50퍼센트를 유지한다고 해서 거꾸로 자유 우파가 종북 좌파들을 공격할 수 있다는 뜻은 아니다. 방어만으로는 총선의 결정적 승리를 이끌어 낼 수 없다. 방어와 함께 역공을 가해 압도적 다수의 승리를 이끌어 내야 한다. 종북 좌파들의 입법 독재를 통해 양산된 '위험한 법률들'을 제거하기 위해선 더 큰 승리가 필요하다.

선거에서 '공격한다'는 것은 무슨 뜻일까. 자유 우파는 집권 세력이기에 무작정 야당을 심판하자고 달려들 순 없는 일이다. 설사 "야당을 심판하자"고 주장하더라도 그것이 메인 슬로건이 될 수는 없다.

'그럼, 대체 뭘 갖고 종북 좌파를
공격하나?'

집권 여당답게 새로운 비전을 제시해야 한다. 그 답은 '사람'에 있다. 새로운 비전을 담은 새로운 사람을 국민들에게 선보여야 한다.

대한민국 미래에 대한 비전을 담은 책 혹은 대한민국 미래를 위한 다양하고 그럴싸한 멋진 공약들도 분명 도움은 될 것이다. 그렇지만 결정적이지 않다. 정서적 공감을 끌어내기도 어렵다. 국민들에게는 "이 사람이 새로운 미래입니다"라고 보여 줄, '사람'이 필요하다.

그런 사람과 사람들이 총선 전면에 나서서 이끌어 가야 국민들의 공감과 지지를 이끌어 낼 수 있다.

"아, 국민의힘이 총선에서 승리하면
바로 저 사람들이 새로운 주류가 되겠구나."

"국민들이 인정하는 사람들을 전면에 내세웠으니
자유 우파에게 미래가 있겠네.
정권을 다시 잡겠는걸."

국민이 납득하고 공감할 사람을 내세웠을 때 표는 모이게 돼 있다. 그러니 총선에서 승리하기 위해선 차기 대권 주자들 혹은 차세대 리더들을 선거 전면에 내세워야 한다. 그냥 여러 명 후보 중 한 명으로 출마하는 것이 아니라 당 지도부, 선거대책위원회 또는 차기 대권 주자로서 선거의 전면에 서야 총선을 승리로 이끌 수 있게 되는 것이다. "총선 승리하면 대권에 도전할 수 있다"라는 메시지를 주면서 말이다. 이것은 윤석열의 결단이 없으면 불가능한 일이다.

2024년 기준으로 대통령의 임기가 3년이나 남아 있는 상황에서 차기 대권 주자들을 선거 전면에 내세운다? 승리하면 그들에게 바로 차기 대권 도전의 기회를 준다? 그것은 곧바로 레임덕의 시작이 될 수도 있는 일이다. 과연 그것이 가능할까? 지금까지의 정치 상식으론 그렇다. 그러나 그 상식적 예측을 넘어서야 총선에서 승리할 수 있다.

생각해 보자. 대통령의 지지율이 여전히 50퍼센트를 유지한다면 제아무리 차기 대권 주자들이 군웅할거 식으로 전면에 나선다 해도 누가 감히 대통령의 권위를 무시할 것이며, 국정 운영에 혼선을 주면서까지 대권 경쟁을 할 수 있겠나.

절대로 못한다. 하라고 해도 아무도 못한다. 관건은 대통령의 지지율을 50퍼센트대로 유지하는 일이다. 총선 승리의 첫 번째 요소이자 두 번째 요소의 기반이다.

자유 우파 진영은 차기 주자들이 군웅할거 식으로 전면에 나서서 끌고 뒤에서 밀며, 총선을 치러야 한다. 그래야 말 그대로 미래 비전을 국민들에게 구체적으로 제시하는 정치 세력이 되는 것이다. 심판받는 세력이 아니라 미래를 열어 가는 세력이 되는 것이다. 그것도 말이 아니라 행동으로 말이다.

공천 혁명의 핵심은
반드시 이기는 것

총선 필승 전략의 핵심은 공천 혁명이다. 2022년 6·1 지방 선거가 끝나자마자 국민의힘에서는 공천 제도를 개선한다는 미명 하에 '혁신위'를 가동했다. 빨라도 너무 빨랐다. 공천 혁명은 그렇게 한다고 되는 게 아니다. 공천 혁명은 과정이 아니라 결과가 중요하다.

아무리 시스템에 의한 공천을 했다 하더라도, 아무리 국민이 참여하는 상향식 공천을 했다 하더라도 공천을 받은 공직 후보자가 경쟁력이 없으면 무용지물이다. 선거에서 지는 공천이 무슨 소용이 있나.

공천의 목표는 처음도 승리, 끝도 승리다. 이길 수 있는 후보를 공천하는 것이 공천의 시작이자 끝이다.

어느 지역 어디에나 통하는 강력한 전천후 후보가 있다고 하자. 동시에 특정 지역과 특정 권역에서만 통하는 후보가 있다면, 접전이 펼쳐지는 어려운 곳에는 어떤 후보를 공천해야 할까? 엄연히 어디에서나 통하는 후보를 전략적으로 배치해야 한다. 특정 지역에서만 통하는 후보들은 특정 지역 중심으로 배치할 수밖에 없다. 이 또한 전략적 판단이 중요하다. 가장 순진한 공천은 알량한 원칙 하나만 고집하여 경쟁력 없는 후보들을 기계적으로 공천하는 것이다.

'에라, 모르겠다 뭐 지면 어떠냐.

나는 공천 혁명 했으니까. 그걸로 된 거지 뭐.'

이런 무책임한 자들은 정치판에 발을 못 붙이게 해야 한다. 공천은 이기기 위해서 하는 것이다. 마지막 한 사람까지 전략적으로 공천해야 한다.

정당사에서 가장 성공적인 공천 혁명의 사례는 1996년 '신한국당' 공천이었다. 1996년 신한국당은 그때까지 없었던 여론 조사라는 과학적 선거 방식을 전면적으로 도입해 맞춤형 후보를 발굴하고 공천했다. 현역의원 42퍼센트가 교체되었다. 그 자리에 새로운 인물들이 대거 수혈되었다. 그 결과 절대적으로 불리했던 선거 구도를 뒤집고 139석(276명 중)의 제1당이 되는 데 성공했다. 이런 방식의 공천 혁명이 필요하다.

• 자유 우파의 이념적 정체성이 불확실한 자.

- 종북 좌파와 제대로 투쟁하지 못한 자.

- 2022년 6·1 지방 선거를 비롯해 지역구 관리에 많은 문제점을 노출한 자.

- 의정 활동이 매우 소극적이고 정책 경쟁에 있어 우위를 보이지 못한, 있어도 그만 없어도 그만인 자.

이런 자들은 반드시 공천에서 탈락시켜야 한다. 자유 우파의 대의에 복무하기보다는 계파 리더에게 줄 선 국회의원들은 교체해야 한다.

공천 혁명을 하여 국민들에게 감동을 줘야 한다. 그래야 자유 우파가 완전히 새로운 흐름을 주도해 나갈 수 있고, 이념성이 분명하고 전투력 강하고 전문성 있는 개혁적인 새 인물들을 적재적소에 배치할 수 있다.

어떤 조직이
필요한가

공천 혁명을 이뤄 내 총선을 승리로 이끌 강력한 지도부를 구축해야 한다. 여기서 '강력한' 지도부는 둘 중의 하나다. 유력한 차기 대권 주자가 당대표가 되면 강력하다. 몇 년 후에 그 사람이 대통령이 될지도 모르는데 어떻게 그 사람 말을 안 들을 수 있겠는가. 그렇지만 나는 이 방식은 하책이라고 생각한다. 강력한 대권 주자가 당대표가 되어 공천권을 행사하고 선거를 지휘하는 순간, 계파 정치라는 덫에 갇히게 될 위험성이 매우 크다. 더 나아가 이기면 모르겠으나 패하기라도 하면 좋은 대권 주자를 잃게 된다.

그런 위험을 감수할 이유가 없다. 선거는 누구도 장담할 수 없다. 차기 대권 주자를 대표에 앉히면 리더십 문제는 간단하게 해결되지만 하책에 지나지 않는다.

상책을 써야 한다. 마음을 비운 강력한 관리형 지도부를 구축하면 된다. 마음을 비울 때 강력해진다. 정치판에서 마음을 비운다는 것은 스스로가 대통령을 하지 않겠다는 의지를 갖고 있어야 한다는 뜻이다. 총리도 안 하고 국회의원도 하지 않겠다고 정치적 욕심을 내려놓는 일이 진정 마음을 비우는 것이다. 자신이 뭐가 되겠다는 마음을 버렸는데 겁날 게 뭐가 있을까. 눈치 볼 게 아무것도 없게 된다.

사실 2년 후 대통령 도전이라든지 국회의원을 꼭 한번은 더 해야겠다고 생각하면 그때부터 눈치를 봐야 한다. 적을 만들지 않아야 하기 때문이다. 결국 나서야 될 때 나서지도 못하고, 혁신도 못하고, 공천 혁명 근처에도 가지 못하게 된다. 그러나 일단 마음을 비워 버리면 오로지 자유 우파의 정치적 승리, 총선 승리와 대선 승리에만 집중하게 돼 겁날 게 없다. 기준과 원칙을 세워놓고 그에 맞지 않으면 과감하게 탈락시킬 수 있는 공천 혁명을 비로소 할 수 있게 되는 것이다.

사적인 이해관계가 아니라 공적인 기준으로 움직이게 되니까 겁날 게 없다는 얘기다. 이런 지도부를 일컬어 흔히 '관리형 지도부'라고 한다. 자신이 대통령이 되려고 하는 게 아니라 국면을 관리하기 위해서 지도부가 된 것이어서 관리형 지도부라고 한다. 그런데 맹점이 있다. 통상적으로 관리형 지도부는 좀 약한 지도부라는 편견이 있다. 관리를 위해 위촉한 당대표이기에 주요 계파 지도자들의 눈치를 보는 경향이 있다. 겉으로는 마음을 내려 놨다고 하면서 실제로는 그렇지 못했을 때 생기는 현상이다.

'저 사람이 대통령 되면 나를 장관은 시켜 주지 않을까?'

이런 식으로 개인적인 이해관계를 따지다 보면 당을 관리하고 선거를 관리하기 위해 앉은 자리에서 이쪽 계파 정치, 저쪽 캠프 리더들의 눈치나 보게 된다. 약한 지도부라는 소리가 나오는 이유다.

반면에 뭔가를 하겠다는 욕심을 버리고 내려놓는 순간, 관리형 지도부는 그야말로 엄청나게 강력한 지도부가 된다. 누구의 눈치도 볼 필요가 없으니 오로지 승리를 향해 필요한 일에만 매진한다. 진정으로 마음을 비운 관리형 지도부야말로 가장 강력한 지도부가 된다.

고성국의 공_호산당선언 원칙

2024년 총선을 자유 우파가 꼭 이겨야 된다. 이기기 위한 전략은 무엇인가?

첫 번째, 종북 좌파들의 정권 심판론을 전면적으로 분쇄할 수 있는 대통령 지지율 50퍼센트를 유지·관리해야 한다.

두 번째, 대권 주자들을 전면에 내세워 미래를 열어 가는 국민의힘으로 국민들에게 다가가야 한다. 그래야 '회고 선거', '심판 선거'가 아닌 '전망 선거', '미래 선택 선거'가 된다.

세 번째, 공천 혁명을 단행해야 한다. 국민의힘 현역 의원 중 기준에 맞지 않는 사람들을 대거 교체해야 한다. 자유 우파의 이념적 정체성에 맞지 않는 사람을 비롯해 자기 이해관계에 매몰돼 공천 파동을 일으킨 사람들을 과감하게 퇴출하고 새로운 정치 신인을 적극적으로 발굴·육성하는 공천 혁명을 해야 한다.

마지막으로 이 모든 것을 해낼 수 있는 강력한 지도부를 구축해야 한다. 차기 대권 주자가 하면 간단하게 해결되겠지만, 그럴 경우에 갖게 되는 리스크가 너무 크다. 그보다는 개인적 욕심을 완전히 버린, 관리형 지도부를 구축해야 한다. 그런 강력한 관리형 지도부만이 산적한 과제들을 감당할 수 있다.

위의 네 가지 조건이 충족되면 2024년 총선은 기필코 자유 우파가 압승을 거두게 될 것이다.

2027 대선,
무엇을
할 것인가

어떤 경우에도 분열은 안 된다. 분열을 피할 수 있는
가장 확실한 방법은 원 팀 구성이다. 당의 관리형
지도부가 주도적으로 해야 하는 일이다.
그러면 2027, 대선은 반드시 승리할 수 있다.

새로운 슬로건

　　　　　　나는 2027년 대선에서 자유 우파
가 승리하기 위한 특별한 전략이나 특별한 묘수가 있다고 생각
하지 않는다. 우리가 잘 알고 있는 것, 그러나 용기가 없어서 실행
하지 못하는 것, 각자의 정략적 이해관계로 주저하거나 왜곡하여
제대로 하지 못하는 것들을 당당하게 해내면 된다고 생각한다.
이럴 때 흔히들 하는 말이 있다.

　평범한 곳에 길이 있다.
　초심으로 돌아가라.
　기본에서부터 시작하라.

　대선에서 이기기 위한 기본은 경쟁력 강한 대통령 후보를 내
세우는 일이다. 후보 없이 대선을 이길 수는 없다. 약한 대선 후
보들만 있으면 약한 대선을 치를 수밖에 없다. 강한 대선 후보들
이 많아야 강력한 주도권 행사로 선거에서 승리할 수 있다. 관건
은 첫째도 후보고, 둘째도 후보고, 셋째도 후보다.
　국민적 지지도가 높은 경쟁력 강한 대통령 후보들을 많이 발
굴해 육성하고 배출하여 이들이 활발하게 활동해야 대선에서
승리할 수 있다. 지극히 당연한 상식인데 왜 이 상식이 여권에서

는 제대로 관철되지 못하는 것일까?

야당은 늘 그렇게 한다. 사실 종북 좌파들은 야당이 된 바로 그 순간부터 대권 도전 경쟁을 시작한 거나 마찬가지다. 5년 내내 경쟁을 할 것이다. 자기들끼리 서로 치켜 주고 키워 주며 대통령 선거로 진군할 게 틀림없다.

반면에 여권은 대통령이라는 현존 권력이 있어서 야당처럼 움직이기가 쉽지 않다. 대통령은 국정 운영이 대통령 주도 속에서 이루어지기를 바란다. 누가 대통령이 되어도 마찬가지다. 여권의 모든 힘이 국정 운영에 집중되기를 바란다. 그래야 뭘 하나 해도 힘 있게 하고 제대로 할 수 있다.

대통령과 대통령실이 국정 운영에 전념하고 있는데 집권당 의원들은 차기 대권이나 따지고 있다면 국정 운영에 힘이 실리기 어렵다. 대통령과 집권당이 함께 힘을 합쳐도 해결하기 어려운 난제들이 수두룩한데 대권 주자들이 너무 일찍 각축전을 벌이면 그나마 있던 국정 운영의 응집력마저 떨어진다. 될 일도 안 될 경우가 있다. 대통령은 이것을 걱정하지 않을 수 없다.

야당 대선 후보들이 5년 내내 활개치고 다니는 동안 여권은 대선에 임박할 때까지 대권 주자들이 대놓고 활동하지 못한다. 보이지 않는, 견제하고 억제하는 힘이 작동한다. 대선 국면까지 여당 대권 주자들이 주도권을 잡지 못하는 이유가 여기에 있다.

역대 여당들이 다 그러했다.

여당 후보들은 야당 후보들이 먼저 대권을 향해 달려 나가는 것을 보며 마음 한편으로 조바심을 낸다. 다른 한편으로는 대통령을 쳐다보며 눈치 보기에 바빠 앞으로 나아가지도, 주저앉지도 못한 채 엉거주춤한 상태로 몇 개월 혹은 몇 년을 보낸다. 그러다 결국은 먼저 들고 뛰는 야당 대권 주자들에게 패하고 만다.

여당은 바로 이러한 딜레마를 해결해야 한다. 이 딜레마는 윤 대통령밖에는 해결할 사람이 없다. 대통령은 진정성 있게 윤석열 정부의 선거, 더 나아가 정권 재창출의 성공을 바란다면 국정 운영의 부담 따위에 매몰되지 말고 차기 대권 주자들이 활발하고 적극적인 활동을 할 수 있는 환경을 만들어 줘야 한다. 격려와 함께.

물론 말처럼 쉬운 일은 아니다. 그럼에도 불구하고 윤석열은 여권의 대권 주자들에게 문을 열어 주고 터주는 용기를 보여야 한다. 그래야 국민들의 진정 어린 지지와 존경을 받게 된다.

가장 불행하고 비참한 대통령은 정권 재창출에 실패한 대통령이다. 이유를 막론하고 정권 재창출에 실패한 대통령은 그때부터 죄인이 되는 것이다. 차기 정권에 의해 언제 어떻게 사법 처리를 당할지 모른다. 지지자들로부터 손가락질을 당하는 것을 면하기 어렵다. 그러니까 대통령에 있을 때 차기 대권 주자들이 각축전을 벌여 다소간 불편한 일이 있더라도 마음으로 응원하며 밀어 줘야 한다.

"그래 열심히들 뛰어.
지금부터 열심히 뛰어서 정권 재창출 해!"

윤석열은 정권 재창출에 성공하여 당당하게 퇴임 후를 준비해야 한다. 결국 윤석열의 결단이 핵심이다. 어느 누가 대통령에게 "이제는 슬슬 차기 대권 주자들이 활동할 수 있게 허락 좀 해 주시죠"라는 소리를 하겠는가. 대통령이 이 말에 공감하면 문제가 없겠지만, 노여워하며 "국정 운영에 누수가 생기면 당신이 책임질 거야?"라고 말한다면 그 말을 한 사람은 그날로 사표 쓰고 나와야 한다.

이 문제는 온전히 대통령의 몫으로 대통령만이 풀 수 있다. 간절히 바라건대, 윤석열이 정권 재창출의 본질을 정확하게 간파하여 적어도 2024년 총선 후부터는 자유 우파 대권 주자들이 자유롭고 활발하게 활동할 수 있게 허용하고 배려해 주길 바란다.

이것이 2027년, 대선 승리의 첫 번째 전략이다.

지지율이 '깡패'

　　　　　　차기 대권 주자들이 뛰기 시작하
면 고삐 풀린 망아지가 될 수도 있다. 선거에 도움이 된다 싶으면
현직 대통령도 비판하고 정부 정책에도 반기를 들 수 있다. 그 순
간 정부의 국정 운영에 혼선이 생긴다. 차기 대권 주자들의 그러
한 말과 행동은 정권 재창출에 아무런 도움이 안 된다.

　그러니까 차기 대권 주자들이 마음껏 대권 경쟁을 하도록 허
용해 주되, 대통령이 친 큰 틀 안에서 금도를 지키며 뛰놀게 해야
된다. 그러려면 어찌됐든 대통령의 지지율이 높아야 한다. 대통
령의 지지율이 높은데 차기 대권 주자들이 어떻게 감히 대통령을
비판하고 정부 정책에 반기를 들 수 있겠는가.

　이것은 법으로 정한다고 해결되는 문제가 아니다. '차기 대권
주자들은 절대 현직 대통령을 욕하면 안 된다. 그러면 감옥 보낸
다.' 이런다고 해서 해결될 문제가 아니라는 얘기다. 유일한 해결
책은 "대통령을 잘못 비판하거나 정부 정책에 브레이크를 잘못
걸면 대통령이 될 수 없다"라는 현실을 스스로 계산하고 판단하
게 만드는 것이다.

　대통령을 비판하면 비판하는 대권 주자의 지지율이 뚝뚝 떨
어지는 상황이 만들어져 있으면 된다. 대통령 지지율이 높으
면 대권 주자들에게 돈 싸들고 가서 "대통령 비판 한번 해 주

세요"라고 해도 절대 하지 않는다. 아니 못한다. 대통령의 국정 운영에 시비도 걸지 못한다. 대통령 지지율이 가장 강력한 방어막이다.

대통령 지지율이 40퍼센트대는 돼야 가능한 일이다. 50퍼센트대면 확실하다. 그런데 왜 40퍼센트 지지율인가? 간단하다. 차기 대권 주자들이 뛰게 되면 그들에 대한 여론 조사가 시작된다. 여러 사람이 뛰기 때문에 차기 대권 주자들의 지지율은 30퍼센트대가 나오기 쉽지 않다. 여럿으로 분산되기 때문이다.

30퍼센트대의 지지율은 윤 대통령이 검찰총장이었을 때, 그리고 검찰총장 그만 뒀을 때 기록한 지지율이다. 차기 대권 주자들의 지지율은 잘 나와야 30퍼센트대다. 어쨌든 현직 대통령의 지지율이 40퍼센트라고 했을 때, 차기 대권 주자들보다 지지율이 잘 나오는데 현직 대통령을 비난하고 배척해서 그들에게 무슨 득이 되겠는가.

"지지율이 깡패다."

가끔 이런 말을 쓴다. 이 대목에 딱 맞는 말이다. 군기 반장이 따로 필요 없지 않나. 대통령 지지율이 40퍼센트, 더 좋은 50퍼센트를 기록하고 있으면 어떤 주자도 감히 대통령에게 시비 붙지 못한다. 시비 붙는 순간 대통령을 지지하는 사람들이 대거 빠져나가기 때문이다. 대통령의 국정 운영에 차기 대권 주자들이 함부로 시비 붙지 못하게 하려면 반드시 대통령의 지지율은 40퍼센트대를 유지해야 된다.

문재인도 어쨌든 퇴임 때까지 40퍼센트대를 유지했다. 여론조사에 손을 댔다는 의혹이 있지만 어쨌든 그 지지율을 유지했다. 그러니까 이재명이 마지막까지 문재인에게 함부로 하지 못하고 선거를 치렀다. 이재명 같은 포악한 자가 왜 그러했겠는가. 그의 포악한 성질로 봐서는 문재인을 확 밟아 내팽개치고도 남았을 일이다. 문재인의 지지율이 이재명보다 높게 나왔기 때문에 이재명은 끝까지 문재인을 비판하지 못하고 선거를 치렀던 것이다.

기막힌 발견, 최상의 직책

차기 대권 주자들을 뛰놀게 하는 것도 일이다. 천방지축 아무 데나 뛰어다니게 할 수는 없는 일이다. 차기 대권 주자들을 뛰놀게 하려면 앞에서도 언급한 대로 그들을 관리할, '관리형 지도부'가 필요하다. 차기 대권 주자들을 관리하기 위한 지도부이기에 당연히 대권 주자는 안 된다. 바로 불공정 시비에 걸린다. 대권에 뜻이 없는, 2027년 대권에는 절대 도전하지 않을 그런 지도부가 관리형으로 나서야 모든 대권 주자들이 승복하여 관리가 된다.

2021년에 있었던 국민의힘 대통령 후보 경선 때를 돌아보자. 얼마나 경선 관리가 어려웠나? 대놓고 유승민을 대통령으로 만들겠다는 자가 당대표로 경선 관리에 나섰으니 유승민을 빼 놓고 아무도 이 자를 믿지 못하지 않았나. 시도 때도 없이 당대표와 대권 주자 간에 언쟁이 붙고 논란이 생겨 긴장 관계가 조성되며 갈등이 표출됐다.

이런 자는 대선 후보들을 관리하는 지도부에는 적합하지 않다. 대권의 뜻을 내려놓은 마음 비운 관리형 지도부로 모든 대권 주자로부터 인정받는 그런 사람이 관리를 맡아야 한다.

분명하고 정확하게

2027년 3월에 대통령 선거가 있다. 소급해 보면 6개월 전인 2026년 10~11월경에는 후보가 결정돼야 한다. 2022년 선거에서는 2021년 11월에 후보가 결정되었다. 대선 4개월 전이었다. 그러니까 선거 4~6개월 전에는 후보가 결정돼야 한다. 지나치게 일찍 후보를 결정하는 것은 후보가 된 다음에 받을 공격 기간이 너무 길다. 너무 일찍 대선 후보를 결정하는 게 좋은 것만은 아니다. 3~4개월 전이 적당하지 않을까 싶다. 그렇게 따지면 2026년 11~12월이 된다. 그렇게 후보가 결정되면 대통령 선거까지 한 3~4개월, 100일 정도 타이트한 레이스를 하면 된다. 2026년 12월에 후보를 확정한다고 치고, 소급해 계산하면 2026년 7월부터는 경선에 들어가야 한다.

나는 대통령 후보 경선은 3단계를 거치는 게 적합하다고 생각한다. 2022년에도 3단계 경선을 했다. 1차 컷오프, 2차 컷오프, 그리고 마지막 본경선. 이렇게 3단계 경선을 위해선 2026년 7월부터 두 달씩 하는 게 바람직하다.

1차 경선 두 달

2차 경선 두 달

본경선 두 달

첫째, 권역별 합동 토론회를 한다.

적어도 5개 권역 정도는 합동 토론회를 해야 한다. 2022년에는 팬데믹이라는 특수 상황으로 합동 연설회가 모두 생략되었다. 그러나 경선의 꽃은 역시 합동 연설 혹은 합동 토론회다.

광역 단체를 전부 돌아다니면서 하면 좋겠지만 그러기에는 시간이나 조직 동원 문제가 있어서 대체로 5개 권역 정도로 나눠

한다. 영남권·호남권·중부권·수도권 그리고 강원·제주. 이렇게 5개 권역으로 나눠 합동 연설과 합동 토론회를 진행한다. 〈TV토론〉이나 〈유튜브 토론〉은 합동 연설이나 합동 유세와 결합해 진행한다.

개인적으로는 〈TV토론〉 뿐만 아니라 〈유튜브 토론〉도 더 확실하게 자리매김해야 한다고 생각한다. 이것을 1차·2차·3차 경선 때 순차적으로 하는 것이다. 적어도 3개월 전에는 일정을 공고해야 한다.

2026년 3~4월에는 2027년 대통령 후보를 뽑기 위한 경선 일정이 공고되어 몇 년 몇 월 며칠 어떤 권역에서 합동 연설이 진행된다는 것을 고지해야 한다. 그 일정에 맞춰서 후보들이 판단하고 준비할 수 있도록.

물론 그 전에 대선 후보 선출을 위한 1차·2차·3차 경선의 컷오프 원칙과 룰 등이 디테일하게 정리되어 2026년 3~4월에는 공고돼야 투명한 경선이 되고 예측 가능한 경선이 된다. 그래야 후보들이 단기적인 준비, 중장기적인 준비를 하고 경선 레이스에 뛰어들 수가 있다. 이렇게 세 차례에 걸친 다단계 경선으로 후보가 확정되면 그 순간 '후보'가 아닌 '당'이 나서서 후보 중심의 원 팀을 구성하여 대선 본선에 대비해야 한다.

몇 가지 세부적인 사항들에 대한 얘기들을 해야 될 것 같은데 이를테면 1차 경선에서 탈락한 대선 후보들이 다른 후보를 지지하거나 다른 후보 캠프에 참여하는 것을 허용할 것인가 등. 2022년에는 사실 그런 기준 자체가 없어서 다들 떨어진 후보들을 열심히 영입하려고 했다. 또 탈락한 후보들도 뭔가 자신의 존재감과 가치 유지를 위해 다른 후보를 지지하거나 캠프에 들어가 활동했다. 이 문제는 분명한 가이드라인이 필요하다.

둘째, 현역 의원들이 이름을 걸고 후보 캠프에 직접 참여하는 것을 허용해야 한다.

지금은 허용하지 않고 있다. 그러나 과연 그걸 막는 것이 맞는 것일까? 국회의원들은 당의 가장 중요한 당원이라고 할 수 있다. 그런 중요한 당원들이 공직 후보 경선에서 원천 배제된다는 게 맞나? 실제로는 거의 뒤로 참여한다. 이런 식으로 형식과 내용이 유리된 경선을 왜 계속해야 되는지에 대해 깊은 고민과 성찰이 필요하다.

개인적으로는 모두 허용하는 것이 맞다고 생각한다. 국회의원들의 선거 캠프 참여도 모두 허용해야 되고, 탈락한 사람들의 캠프 참여도 다 허용해야 된다고 생각한다. 그래야 합종연횡[21]이

---

21 이해관계에 따라 뭉치고 흩어지다.

가능해진다. 그렇다. 합종연횡하는 것도 후보들의 정치력이다.

경쟁하던 사람 중에 몇 사람이 먼저 탈락했을 때, 그중 같이했으면 하는 사람을 찾아가 "내가 대통령 되면 당신은 총리 하시오"라고 해서라도 끌어들이면 되는 게 아닌가. 그런 것도 다 정치력이다. 모든 정치적 연합과 합종연횡을 자유롭게 허용하여 그것까지 포함한 최종적인 후보의 정치력을 당원과 국민들이 선택할 수있게 해야 하지 않을까.

셋째, 원 팀을 구성한다.

이런 몇 가지 디테일한 원칙 정리와 별도로 원 팀을 구성함에 있어서 다음은 의무 사항이 되어야 한다. 2026년 7월, 후보들이 레이스를 시작할 때는 모두들 다음과 같은 서약을 하고 스타트를 할 것이다.

나는 이번 경선에 참여해 경선 결과가 어떻게 나오든 승복하겠다. 그리고 대선 승리를 위해 분골쇄신·선당후사 하겠다.

기껏 설명하고 서약하면 뭐하나. 원 팀을 만들어야지. 경선은 끝났는데 탈락한 후보를 캠프에 영입한다고 한 달 혹은 두 달을 허비하는 경우도 있다. 도무지 영입이 안 되는 사람이 있어서다.

고성국의 공☆산당선언

동네 양아치 집단도 아니고 무슨 정당이 이런가. 경선에 참여했던 사람들이 최종 승자를 위해 자신의 모든 것을 바쳐 선거 운동에 나서는 일은 의무다. 선택이 아니다.

의무이기에 당이 나서서 원 팀을 만들어 가는 것이다. 대선 후보가 왜 그걸 하고 다녀야 하나? 자기랑 경쟁해 떨어진 사람을 설득하러 다닌다는 게 말이 되나? 대선 후보는 후보가 되는 순간부터 국민을 만나러 다녀야 한다.

그런 일을 해내는 게 당이고 당의 지도부다. 경선 관리의 역량이다. 후보 확정과 동시에 당이 주도적으로 나서 원 팀을 구성하여 후보 중심으로 똘똘 뭉쳐 국민 속으로 들어가야 하는 것이다. 이것이 자유 우파, 여당 선거 운동 원칙이다.

2027년 정권 재창출을 위한 대선은 야당으로서 도전하는 게 아니라 여당으로 정권 재창출을 만들어 내는 것이다. 여당으로 선거를 하면서 절대 피해야 될 것은 분열이다. 어떤 경우에도 분열은 안 된다. 분열을 피할 수 있는 가장 확실한 방법은 원 팀 구성이다. 당의 관리형 지도부가 주도적으로 해야 하는 일이다. 그러면 2027, 대선은 반드시 승리할 수 있다.

이것이 내가 생각하는 2027년 대선 승리 전략이다.

고성국의 공산당선언 원칙

2027년 대선 승리 전략은?

첫째, 차기 대권 주자들이 일찌감치 전면에 등장해 마음껏 대선 레이스를 할 수 있도록 대통령이 배려해야 한다.

둘째, 그러면서도 국정의 중심이 차기 대권 주자들에게 기울어지지 않도록 대통령이 중심을 잡을 수 있는 지지율을 유지하고 있어야 한다. 그것은 최소 40퍼센트다.

셋째, 대권 주자가 아닌 전략 지도부가 대권 주자 간의 경쟁을 투명하게 관리할 수 있어야 한다.

넷째, 2027년 3월 대선을 전제로 2026년 7월부터 3단계에 걸친 단계별 두 달 간의 경선을 치르고, 경선 과정에서 권역별 후보 토론회와 합동 연설회, 그리고 〈TV토론〉과 〈유튜브 토론〉을 적절하게 배합해야 한다.

마지막으로, 최종 후보가 결정된 순간부터 당은 주도적으로 원 팀을 구성해 후보가 마음 편하게 당의 뒷받침을 받으면서 국민 속으로 들어갈 수 있게 해야 한다. 그러면 대선 후보는 압도적 지지로 대선 전체를 주도적으로 이끌어 갈 수 있다.

탄핵의 재구성,
군중 심리를 읽다

대통령을 탄핵한다는 초유의 상황은 종북 좌파들조차도 처음에는 현실성 높게 본 게 아니었다. 2016년 9~10월, 탄핵 국면이 시작되던 무렵, 나는 여러 종편의 패널로 활동 중이었다. 어느 날 함께 출연했던 종북 좌파 패널 한 명이 슬그머니 탄핵 얘기를 꺼냈다.

"아, 이 정도면 대통령 탄핵 감
아닙니까?"

이때 그의 말은 분명 '탄핵하자'가 아니었다. 나는 "어떻게 그렇게 쉽게 헌정 중단 사태를 말할 수 있냐"며 그와 격렬하게 논쟁을 벌였다. 생방송에서였다. 그는 슬그머니 꼬리를 내리며 뒤로

빠졌다. 그런데 한두 달 사이에 상황이 돌변했다. 종북 좌파 패널들은 하나같이 약속이라도 한 듯이 탄핵 이야기를 꺼내들었다. 탄핵이 당연하고 정당한 것처럼 여론을 만들어 갔다.

그것은 문익환·임수경이 평양을 다녀온 사건과도 같았다. 그 사건이 있기 전까지만 해도 종북 좌파들은 자기들끼리 모였을 때 '평양을 가네, 어쩌네'라고 수군거렸어도 실제로 평양을 넘어갈 거라곤 엄두도 못 냈다. 그런데 문익환·임수경이 평양을 다녀옴으로써 금기와 성역을 깬 것이다. 이후에는 개나 소나 평양을 다녀와도 별 문제가 되지 않았다.

마찬가지였다. 대통령 탄핵이라는 것은 우리 국민의 인식 속엔 있을 수 없는 일이었다. 어떻게 대통령을 끌어내리고 헌정을 중단시킨단 말인가. 노무현 때도 소동이 있었지만 그것이 헌재에서 인용될 거라 믿은 사람은 아무도 없었다. 그런데도 탄핵 역풍이 불었다.

그것을 잘 알기 때문에 처음 박근혜 탄핵 이야기가 나왔을 때는 다들 생각하지 않았다.

'저러다 역풍 맞지.'

그러나 탄핵 주장은 성역을 깨는 선도 투쟁의 의미가 있었다.

고성국의 공산당선언

한두 달 만에 언론을 장악하고 있던 종북 좌파 세력의 조직적인 선동으로 탄핵이 기정사실이 돼 버렸다. 엊그제만 해도 '탄핵은 아니지'라고 하던 사람이 '탄핵을 생각해 봐야겠다'는 식으로 돌변했다. 나는 날마다 방송 현장에서 탄핵으로 기울어져 가는 사태의 심각성을 목격했다.

결정타는 역시 거짓말이었다. 최서원(최순실)이 지하 주차장에서 카메라를 손으로 막는 장면, 행정관이 최서원에게 돈을 건네며 옷을 맞추는 장면, 태블릿으로 연설문을 고쳤다는 등. 더구나 언론들은 고집스럽게 최서원의 이름을 놔두고 연일 '최순실'이라쓴 기사를 쏟아냈다. 종북 좌파들의 탄핵 공작은 이 부분에서 정점을 찍었다.

"아니 어떻게 박근혜가 저런 사람에게 농락을 당하냐?"

"저런 사람이 대통령 연설문에 손을 대?"

박근혜를 지지했던 사람들도 '아, 창피해'라고 여겼고, '대통령 박근혜를 탄핵해야 된다'고 좌파들이 주장할 때 마땅히 싸워 줘야 할 사람들조차도 침묵하기 시작했다. 여론 조사를 하면 60퍼센트, 80퍼센트 탄핵 지지 결과가 나왔다. 불과 서너 달 사이의 일이다. 현장 속에서 나는 매일 전투를 치렀다. 정말 힘들었다.

'내가 뭘 잘못 생각하고 있는 게 아닌가.'

나조차도 순간순간 그런 생각이 들 지경이었다. 가짜 뉴스는 매일 봇물처럼 쏟아졌다. 그것도 대문짝만하게 실렸다. 《조선일보》조차도 전면에 그런 기사들을 도배하다시피 했다. '사설'에서도 같은 주장을 되풀이했다. 그랬으니 얼마나 많은 사람들이 속절없이 종북 좌파들의 탄핵 공작에 넘어갔겠는가. 그렇지만 그 광풍에도 불구하고 20퍼센트는 여전히 "박근혜 대통령은 탄핵당할 만큼 나쁜 일을 하지 않았다"고 믿는 사람들이 있었다는 것은 놀라운 일이었다.

군중 심리를 읽다

나는 종북 좌파들조차 박근혜를 탄핵하고 감옥에 보낼 수 있을 것으로 확신하진 않았다고 생각한다. 군중 속에서는 목소리 큰 놈이 도드라지는 법이다. 그런 상황에선 더 독하고, 더 험하게 소리를 내지르는 목소리 큰 놈을 따라가게 된다.

문재인도 처음에는 탄핵 촛불 집회에 나오지 않았다. 중간쯤 슬그머니 참석해서 세 번째 줄에 앉았다가 두 번째 줄로 올라오고 마침내 단상까지 올라가 마이크를 잡았다. 촛불로 박근혜를 끌어내릴 확신이 처음부터 있었던 건 아니었다. 마지막 순간까지 확신이 없었는데 결정적 순간에 문재인으로 하여금 확신을 갖게 한 것은 박지원이었다.

문재인과 박지원은 탄핵을 위한 표 계산을 하고 또 했을 것이다. 국회에서 200석 이상의 탄핵 찬성과 헌재에서 인용 판결. 국회 200석은 누구나 계산할 수 있는 것으로 새누리당(국민의힘)쪽에서 최소 35표 정도의 배신표가 나와야 했다. 박지원은 이 배신표를 위해 김무성과 끊임없이 뒷거래를 했고, 드디어 40여 표를 확보했던 것이다. 박지원은 배신표 40여 표를 확보했다는 김무성의 말을 문재인에게 전했고, 이를 들은 문재인이 탄핵을 최종 지지했다고 짐작된다. 실제 결과는 배신표가 60여 표였다.

결국 박근혜는 세 가지 요소의 결합에 의해 탄핵당했다.

첫째, 종북 주사파 세력의 치밀하고 오래된 공작.

둘째, 거기에 넘어간 우리 국민들.

셋째, 마지막 결정타가 된 자유 우파의 배신자들.

이 세 가지 중 어느 것 하나라도 없었으면 탄핵은 되지 않았다. 자유 우파는 세 번째에만 주목하는 경향이 있다. 너무 뼈아프니까. 그렇지만 나는 이 세 가지 모두를 중요하게 되새겨야 한다고 생각한다. 탄핵 흐름에 속절없이 휩쓸려 간 우리 국민들 다수, 광우병 파동에서부터 세월호 촛불과 박근혜 탄핵 촛불까지 치밀하게 전략적으로 움직인 좌파의 지하 지도부까지.

탄핵은 문재인이 짠 전략이 아니었다. 이처럼 정교한 전략은 문재인 머리에선 나올 수가 없다. 나는 탄핵의 전체 시나리오는 종북 주사파 뒤에서 지령을 내리고 있는 북한 정찰총국의 커넥션에 의해서 이뤄진 것이라 판단한다.

윤석열 정부는 첫 번째의 것은 그것대로 대책을 세워야 한다. 남한에 있는 종북 주사파들만 상대해선 될 일이 아니다. 김정은의 대남 전략을 대처하는 차원에서 대책이 마련되어야 한다. 2022년 10월 29일에 발생한 이태원 참사에서도 여실히 드러나지 않았는가.

(단독) 북, 이태원 참사 직후 지령…

"제2의 촛불대항쟁 일으켜라"

– 선한빛, 《MBN》 (2023. 2. 22).

두 번째, 윤석열 정부는 다수의 국민이 서너 달 만에 돌변할 수 있다는 것을 늘 염두에 두어야 한다. 말 그대로 '백성은 배를 띄우기도 하지만 배를 뒤집기도 한다.' 국민 무서운 줄을 알고 민심의 변화를 24시간 들여다봐야 한다. 그 일을 하는 곳이 국정 상황실이다.

세 번째, 어떤 일이든 배신자 없이는 불가능하다. 좌파들은 가능하다고 여기면 언제든지 윤석열 탄핵을 들고 나올 것이다. 그렇지만 국민의힘 의원들만 배신하지 않으면 탄핵은 불가능하다. 앞에서 달려오는 적보다 안에서 배신하고 뒤에서 칼을 꽂는 자들이 더 무서운 법이다. 늘 경계해야 한다. 윤석열이 박근혜에게서 반면교사로 배워야 하는 것, 바로 이것이다.

그리고
단결하라

좌파들은 한 번도 다수파로서 주류 세력이 돼 본 적이 없다. 늘 저항 세력으로 기존 질서를 전복하려는 소수파 혁명 세력이었다. 그들은 살아남기 위해 분열하지 않는다. 분열하지 않는다는 것은 '분열이 없다'는 게 아니라 '분열을 표출하지 않는다'는 뜻이다. 이를 '강철과 같은 규율'로 강제한다.

그들은 토론은 열심히 하되 어떤 결정을 내리면 목숨 걸고 그것을 지켜 낸다. 실상은 분열이 심한데도 표출하지 않는다. 자기들끼리 피 터지게 싸워도 외부적으로는 단일대오를 만들어 낸다. 이재명 사태를 들여다보라. 그와 종북 주사파 세력들이 어찌하고 있는지. 그들이 집단주의에 목을 매는 것은 강철 규율을 지키지 않으면 소수파인 그들에게 남는 것은 죽음뿐이기 때문이다.

종북 좌파는 언제 어디서나 사람들을 선동하고 가급적 더 많은 사람을 자기편으로 끌어모은다. 운명적으로 소수파인 자기들만으로는 이 사회를 전복할 수 없기 때문이다. 종북 좌파라면 거의 본능적으로 중도를 자기편으로 끌어들이기 위해 노력한다. 그들이 다수파가 되는 유일한 길이기에. 그것이 통일 전선 전술이다.

강철 규율로 단일대오를 이루면서 동시에 더 많은
중도파를 끌어들여 통일 전선 전술을 확대해
자유 우파를 소수로 고립시킨다.

종북 좌파의 기본 행동 전략이다.

그러므로 단결해야 한다.
분열로 초유의 헌정 중단을 겪었고,
정권을 탈취당하기까지 했다.
두 번 똑같은 패배를 당할 수는 없다.
우리들에게는 만들어 가야 할 세계가 있다.
대한민국의 자유 민주주의자들이여, 단결하라!

찾아보기

ㄱ

고성국의 공産산당선언

우리들에게는 만들어 가야 할 세계가 있다.

대한민국의 자유 민주주의자들이요,

단결하라!

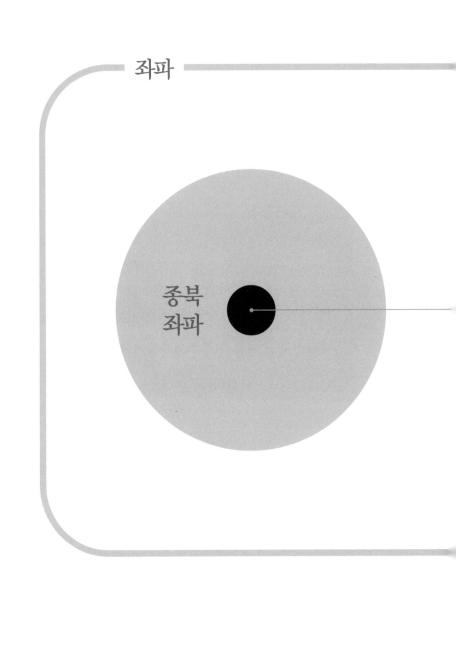

좌파

종북
좌파

종북
주사파

유럽의 좌파와 한국의 좌파는 다르다. 유럽의 좌파는 폭력과 혁명을 포기하고 체제 내에 들어가 제도화한 경쟁으로 자기들이 원하는 사회를 만들어 가지만 한국의 좌파, 특히 종북 주사파들은 폭력 혁명으로 대한민국체제를 전복하려는 목적을 포기하지 않고 있다.

고성국의
공空산당선언

발행일	2023년 3월 31일 초판 1쇄
	2023년 4월 10일 초판 3쇄
지은이	고성국
기획	플로우북스
책임편집	박지영
발행인	김용성
발행처	지우출판
주소	서울시 동대문구 휘경로 2길 3, 4층
전화	(02) 962-9154
팩스	(02) 962-9156
이메일	lawnbook@naver.com
등록	2003년 8월 19일(신고 제9-118)
ISBN	979-11-980102-7-8 (03340)

· 가격은 뒤표지에 있습니다.
· 잘못 만들어진 책은 구입처에서 바꾸어 드립니다.